Kohlhammer

Die Autorin

Prof. Dr. Silke Heimes studierte Medizin und Germanistik in Deutschland und Brasilien. Sie hat lange als Ärztin in Psychiatrien in Deutschland und der Schweiz gearbeitet. Heimes ist Poesietherapeutin, leitet das Institut für kreatives und therapeutisches Schreiben (IKUTS) und ist Professorin für Journalistik an der Hochschule Darmstadt. Sie ist Expertin für therapeutisches Schreiben und lebt in Darmstadt sowie am Meer und in den Bergen, wo sie Romane und Sachbücher schreibt.

Silke Heimes

Therapeutisches Schreiben bei Krebserkrankungen

Hilfe zur Selbsthilfe

Verlag W. Kohlhammer

Dieses Werk einschließlich aller seiner Teile ist urheberrechtlich geschützt. Jede Verwendung außerhalb der engen Grenzen des Urheberrechts ist ohne Zustimmung des Verlags unzulässig und strafbar. Das gilt insbesondere für Vervielfältigungen, Übersetzungen und für die Einspeicherung und Verarbeitung in elektronischen Systemen.

Pharmakologische Daten verändern sich ständig. Verlag und Autoren tragen dafür Sorge, dass alle gemachten Angaben dem derzeitigen Wissensstand entsprechen. Eine Haftung hierfür kann jedoch nicht übernommen werden. Es empfiehlt sich, die Angaben anhand des Beipackzettels und der entsprechenden Fachinformationen zu überprüfen. Aufgrund der Auswahl häufig angewendeter Arzneimittel besteht kein Anspruch auf Vollständigkeit.

Die Wiedergabe von Warenbezeichnungen, Handelsnamen und sonstigen Kennzeichen berechtigt nicht zu der Annahme, dass diese frei benutzt werden dürfen. Vielmehr kann es sich auch dann um eingetragene Warenzeichen oder sonstige geschützte Kennzeichen handeln, wenn sie nicht eigens als solche gekennzeichnet sind.

Es konnten nicht alle Rechtsinhaber von Abbildungen ermittelt werden. Sollte dem Verlag gegenüber der Nachweis der Rechtsinhaberschaft geführt werden, wird das branchenübliche Honorar nachträglich gezahlt.

Dieses Werk enthält Hinweise/Links zu externen Websites Dritter, auf deren Inhalt der Verlag keinen Einfluss hat und die der Haftung der jeweiligen Seitenanbieter oder -betreiber unterliegen. Zum Zeitpunkt der Verlinkung wurden die externen Websites auf mögliche Rechtsverstöße überprüft und dabei keine Rechtsverletzung festgestellt. Ohne konkrete Hinweise auf eine solche Rechtsverletzung ist eine permanente inhaltliche Kontrolle der verlinkten Seiten nicht zumutbar. Sollten jedoch Rechtsverletzungen bekannt werden, werden die betroffenen externen Links soweit möglich unverzüglich entfernt.

Dieses Buch ist kein Ersatz für professionelle ärztliche oder therapeutische Hilfe bei gesundheitlichen und psychischen Problemen. Es dient lediglich zur Unterstützung der Therapie. Obwohl sich die Arbeit mit den Übungen in der Praxis als hilfreich und effektiv erwiesen hat, erfolgt deren Anwendung in eigener Verantwortung. Der Verlag und die Autorin schließen jegliche Haftung für Gesundheits- und Personenschäden aus.

Autorinnenfoto: Christoph Rau.
Icon: Susanne Geminn.

1. Auflage 2023

Alle Rechte vorbehalten
© W. Kohlhammer GmbH, Stuttgart
Gesamtherstellung: W. Kohlhammer GmbH, Stuttgart

Print:
ISBN 978-3-17-042365-7

E-Book-Formate:
pdf: ISBN 978-3-17-042366-4
epub: ISBN 978-3-17-042367-1

Inhalt

Vorwort		7
1	**Therapeutisches Schreiben**	**11**
1.1	Für wen eignet sich das therapeutische Schreiben?	13
1.2	Psychische Wirkungen des Schreibens	14
1.3	Studien zur Wirkweise	17
1.4	Der Aspekt der Selbstwirksamkeit	28
1.5	Das Element der Achtsamkeit	31
1.6	Risiken und Nebenwirkungen	34
1.7	Grübeleien und Gedankenspiralen	36
2	**Was ist eine Krebserkrankung?**	**38**
2.1	Die Diagnose und was nun?	41
2.2	Krebs, ein traumatisches Geschehen	44
2.3	Formen und Phasen von Krebserkrankungen	47
2.4	Somatische Therapie als Belastungsfaktor	50
2.5	Schmerzen bei Krebserkrankungen	51
2.6	Krebserkrankungen und Depressionen	54
2.7	Lebenszeit und Lebensqualität	56
2.8	Krebserkrankungen und Beziehungen	59
3	**Supportive Therapien**	**61**
3.1	Psychoonkologie und Psychotherapie	61
3.2	Künstlerische und kreative Therapien	64
3.3	Selbsthilfegruppen bei Krebserkrankungen	67

4	**Schreibpraxis pur**	**69**
4.1	Kleine Inventur	69
4.2	Assoziative Schreibübungen	71
4.3	Imaginative Schreibübungen	73
4.4	Wertvorstellungen und Prioritäten	74
4.5	Umgang mit Angst	76
4.6	Umgang mit Trauer und Wut	79
4.7	Anpassungsleistung	80
4.8	Ressourcen und Potentiale	83
4.9	Selbstkonzept und Lebensziele	86
4.10	Die Bucket-Liste	88
5	**Nachwort**	**92**
6	**Anlaufstellen und Internetadressen**	**93**
6.1	Anlaufstellen und Internetadressen zum Thema Krebs	93
6.2	Anlaufstellen und Internetadressen zum Thema Schmerz	94
6.3	Anlaufstellen und Internetadressen zum Thema Depressionen	94
6.4	Anlaufstellen und Internetadressen in Krisen	95

Literatur   **97**

Vorwort

Herzlich willkommen zum therapeutischen Schreiben. Wenn Sie sich dieses Buch[1] gekauft haben, weil Sie unter einer Krebserkrankung leiden, wissen Sie darüber vermutlich bereits einiges. Sie werden sich ausführlich informiert und mancherlei dazu gelesen haben. Und sicher werden Sie bereits allerhand getan haben, um einen guten Umgang mit Ihrer Krankheit zu finden, sowohl auf körperlicher als auch auf seelischer Ebene, wobei Sie wahrscheinlich Fort- und Rückschritte gemacht haben und hoffnungsvoll beziehungsweise hoffnungslos gewesen sein werden. Aber das Wichtigste: Sie haben nicht aufgegeben. Sie haben weitergemacht und nach Lösungen gesucht. Das heißt, Sie haben den Mut und Willen, sich für sich und Ihre Gesundheit einzusetzen und Neues auszuprobieren.

In jedem Fall scheinen Sie motiviert, aktiv zur Verbesserung Ihrer Lebensqualität beizutragen. Und dafür haben Sie meinen vollen Respekt. Denn wer die Diagnose Krebs erhält, für den ist nichts mehr, wie es einmal war. Vom einen auf den anderen Augenblick verändert sich alles. Eine Krebserkrankung ist ein einschneidendes Ereignis mit potenziell lebensgefährlichem Charakter. Und selbst wenn die Heilungschancen gut sind, verursacht die Diagnose zunächst ein Gefühl der Bedrohung. Hinzu kommen Belastungen durch Operationen, Bestrahlungen und Chemotherapie sowie die Angst vor Schmerzen, zukünftigen Einschränkungen und möglichen Rückfällen oder Metastasen (Tochtergeschwülsten).

Mitunter ist auch keine vollständige Heilung möglich, so dass eine neue Lebensorganisation und -ausrichtung erlangt und ein Umgang mit eventuellen Beschränkungen gefunden werden muss. Sollte die Erkrankung zudem die Lebenszeit verkürzen, besteht im-

---

[1] Die Schreibweise folgt in weiten Teilen dem generischen Maskulinum, ohne dass dies einem bestimmten Geschlecht den Vorzug geben soll. Es sind immer alle Geschlechter mitgemeint.

mer auch die Frage der Lebensqualität für die noch verbleibende Zeit. Diese Frage führt wiederum dazu, dass man über Werte und Prioritäten nachdenkt und vielleicht sogar eine andere Lebensführung und -organisation ins Auge fasst, als die bisherige. Steht einem nur noch eine begrenzte Lebenszeit zur Verfügung, ist es nachvollziehbar, dass man sich möglicherweise gegen eine belastende Therapie und einen oder mehrere Krankenhausaufenthalte entscheidet, um die verbleibende Zeit möglichst selbstgestaltet verbringen zu können.

Nach der Diagnose und im Verlauf der Krebserkrankung können verschiedene Gefühlszustände im raschen Wechsel auftreten, von Angst über Wut bis Hoffnung und Verzweiflung. Alle diese Gefühle und die damit einhergehenden Gedanken wollen beachtet und verarbeitet werden. Deswegen ist es in einem ersten Schritt zentral, dass Sie einen Arzt oder eine Ärztin finden, der oder die mit Ihnen in Ruhe bespricht, was die Krebskrankheit für Sie persönlich bedeutet, welche Therapieoptionen für Ihren speziellen Fall zur Verfügung stehen und wie die Aussichten auf Heilung sind.

Neben einem Onkologen Ihres Vertrauens, der Sie intensiv begleitet, bei dem alle Fäden zusammenlaufen und mit dem Sie die Therapien planen, bietet es sich an, dass Sie sich psychologische Hilfe holen, um einen Umgang mit der Krankheit und den oft belastenden Therapien und deren Nebenwirkungen zu finden. Weiterhin gibt es Anlaufstellen (z. B. Psychosoziale Beratungsstellen), die sich um die soziale Komponente kümmern und Ihnen mit Rat und Tat zur Seite stehen, wenn es um berufliche und finanzielle Belange geht.

Doch so schwer diese Zeit auch sein mag, habe ich an dieser Stelle zwei gute Nachrichten für Sie:

1. Sie verfügen über alle Fähigkeiten und Ressourcen, die Sie brauchen, um trotz Ihrer Krankheit ein sinnvolles und erfülltes Leben zu führen.
2. Das Schreiben kann Ihnen helfen, diese Fähigkeiten und Ressourcen zu aktivieren und Ihr volles Potential zu entfalten.

Jetzt fragen Sie sich sicher, woher ich das wissen will und finden es vielleicht anmaßend, so etwas zu behaupten. Aber ich bin mir ziemlich sicher, dass es so ist, weil ich es in zahlreichen Fällen erlebt habe. Ich weiß, dass es Ihre Fähigkeiten und Stärken sind, die es Ihnen ermöglicht haben, weiterzumachen und durchzuhalten. Auch glaube ich, dass Sie dieses Buch nicht in den Händen halten würden, gäbe es Ihre Ressourcen nicht. Denn Sie haben es nicht nur geschafft, Ihr Leben zu führen, sondern sind zugleich aktiv auf der Suche danach, was Sie tun können, um es noch lebenswerter zu gestalten. Und das ist sehr stark und dafür möchte ich Ihnen meine Hochachtung ausdrücken. Dass das Schreiben Sie auf Ihrem Weg unterstützen kann, habe ich wiederum in verschiedenen Seminaren und Therapiestunden erlebt. Außerdem werden diese persönlichen Erfahrungen durch zahlreiche Studien gestützt, von denen ich Ihnen einige in diesem Buch vorstellen werde.

Natürlich ersetzt dieses Buch keine ärztliche Behandlung oder Psychotherapie. Aber das ist auch nicht sein Anliegen. Dieses Buch möchte Ihnen eine zusätzliche Möglichkeit bieten, jenseits der wohlbekannten Therapien aktiv etwas für sich und Ihre Gesundheit zu tun. Es will Ihnen einen Raum eröffnen, in dem Sie sich in aller Ruhe erkunden können. Und es will Ihnen die Augen dafür öffnen, dass Sie ein Mensch mit Bedürfnissen und Träumen, Wünschen und Sehnsüchten sind, ein Individuum mit Vergangenheit, Gegenwart und Zukunft, eine Persönlichkeit mit besonderen Fähigkeiten und Facetten.

Damit Sie das möglichst schnell spüren können, ist das Buch so aufgebaut, dass Sie von Anfang an Schreibübungen erwarten, auch schon in den Anfangskapiteln, selbst wenn diese zunächst etwas theoretischer ausgerichtet sind als der Praxisteil. Doch bereits bei den Fragen, was eine Krebserkrankung ist, wie man sie behandelt und wie man damit einen guten Umgang findet, geht es um Sie und Ihre Vorstellungen sowie Sichtweisen. Es geht um Ihre Gedanken und Ideen sowie darum, was Sie sich von Ihrem Leben erwarten und erhoffen, darum, wie Sie und andere mit Ihrer Krankheit und den Umständen umgehen und welchen Umgang Sie selbst sich wünschen.

Vorwort

Deswegen kann dieses Buch auch für Angehörige sowie Pflegende, die in diesem Bereich tätig sind, eine Hilfe darstellen. Zum einen, um sich selbst zu stärken und Klarheit zu erlangen und zum anderen, um Betroffene gut begleiten und unterstützen zu können.

Die Übungen führen selbstverständlich nicht immer gleich zu Lösungen. Wenn es so einfach wäre, hätten Sie die Lösungen schließlich längst selbst gefunden. Doch auch wenn die Übungen keine schnellen Antworten bereithalten, tragen sie doch zu einem höheren Grad an Bewusstheit und Achtsamkeit bei, der wiederum dazu führt, dass Sie sich immer besser kennenlernen, um auf diese Weise eine gute Einschätzung zu erhalten und wieder handlungsfähiger zu werden.

Bevor wir loslegen, möchte ich Sie um einen Gefallen bitten: Achten Sie gut auf sich und Ihre Bedürfnisse. Machen Sie vor allem die Übungen, die Ihnen Freude bereiten oder die Sie spontan ansprechen sowie jene, die Sie für sinnvoll halten, auch wenn diese zunächst unter Umständen schmerzliche Gefühle hervorrufen. Gehen Sie in Ihrem eigenen Tempo vor und behandeln sich beim Schreiben wie einen guten Freund oder eine gute Freundin. Schenken Sie sich das Vertrauen und die Geduld, die es braucht, neue Wege zu erkunden und zu gehen.

Haben Sie nicht den Anspruch, alle Übungen machen zu müssen, sondern wählen Sie aus. Es geht nicht darum, das Buch durch- und abzuarbeiten, sondern darum, dass Sie Impulse und Denkanstöße bekommen, die Sie für sich nutzen können.

Ich jedenfalls finde es bewundernswert, dass Sie sich auf den Weg des Schreibens begeben. Schließlich habe ich das Buch aus einem einzigen Grund geschrieben: Weil ich an Sie glaube und darauf vertraue, dass Sie schreibend Ihren ganz eigenen Weg finden werden. Dafür wünsche ich Ihnen Mut, Energie und Geduld.

Ihre Silke Heimes

1 Therapeutisches Schreiben

Da es in diesem Buch um Sie und Ihr Schreiben geht, wollen wir genau damit starten. Sicher haben Sie Ihre ganz eigenen Ideen und Vorstellungen, was das therapeutische Schreiben ist und um was es dabei geht. Unter Umständen haben Sie bereits etwas darüber gelesen oder gehört und es sogar selbst ausprobiert bzw. ein entsprechendes Seminar besucht. Vielleicht haben Sie auch schon einmal versucht, jemandem zu erklären, um was es beim therapeutischen Schreiben geht. Genau das, Ihre Ideen und Gedanken dazu, dürfen Sie jetzt, in der allerersten Übung des Buches, zu Papier bringen.

Was stellen Sie sich unter therapeutischem Schreiben vor? Um was geht es? Was unterscheidet es vom kreativen Schreiben? Was soll dabei herauskommen? Soll überhaupt etwas herauskommen? Schreiben Sie einfach los, es gibt kein richtig oder falsch. Ihre Ideen und Gedanken sind genauso wichtig wie bereits existierende Definitionen. Der Autor André Breton (1986) hat einmal geschrieben, dass in jedem Augenblick zahlreiche Gedanken und Gefühle in uns sind und nur darauf warten, aufs Papier gebracht zu werden. Werden Sie also zum Protokollanten Ihrer Gedanken und Gefühle.

Nachdem Sie Ihre Ideen festgehalten haben, möchte ich meine mit Ihnen teilen. Bei meinem ersten Versuch, in Worte zu fassen, um was es beim therapeutischen Schreiben geht, kam folgendes heraus: »*Unter therapeutischem Schreiben kann jedes Verfahren verstanden werden, das durch Schreiben den subjektiven Zustand eines Individuums zu bessern versucht.*«

Zur Erläuterung hatte ich hinzugefügt: »Der Ausdruck der Poesietherapie, von dem der Begriff des therapeutischen Schreibens abgeleitet wurde, ist dem amerikanischen Begriff ›poetry therapy‹ entlehnt. Die Poesietherapie ist keiner klassischen Psychotherapieschule verpflichtet, sondern zählt zu den expressiven und kreativen Therapien, die über Förderung der schöpferischen Potentiale, der Wahrnehmungs- und Erlebnisfähigkeit und der Einsicht in lebensgeschichtliche Konflikte zur Heilung und Entwicklung beitragen. Sie nimmt unter den kreativen Therapien eine besondere Stellung ein, weil sie mittels Sprache auf eines der ältesten therapeutischen Medien zurückgreift« (Heimes, 2008).

Mein zweiter Definitionsversuch lautete: »Unter Poesietherapie kann jedes therapeutische und (selbst-)analytische Verfahren verstanden werden, das durch Schreiben und Lesen den subjektiven Zustand eines Individuums zu bessern sucht und (auto-)biographisches, expressives, intuitives, kreatives, therapeutisches, imaginatives, analoges, assoziatives und automatisches Schreiben ebenso umfasst wie die aktive Textrezeption und -verarbeitung« (Heimes, 2012).

Auch Organisationen unternehmen Definitionsversuche wie etwa die »National Association for Poetry Therapy«: »*Poetry therapy is the use of language, symbol, and story in therapeutic, educational, growth, and community-building capacities. It relies upon the use of poems, stories, song lyrics, imagery, and metaphor to facilitate personal growth, healing, and greater self-awareness. Bibliotherapy, narrative, journal writing, metaphor, storytelling, and ritual are all within the realm of poetry therapy*« (National Association for Poetry Therapy, 2022). Übersetzt könnte das lauten: »*Poesietherapie umfasst die Verwendung von Sprache, Symbol und Story in therapeutischen, pädagogischen, wachstumsfördernden und gemeinschaftsbildenden Bereichen. Dabei stützt sie sich auf Gedichte, Geschichten, Liedtexte, Bilder und Metaphern, um persönliches Wachstum, Heilung und Selbsterkenntnis zu fördern. Bibliotherapie, Erzählung, Tagebuchschreiben, Metaphern, Geschichtenerzählen und Rituale gehören alle zum Bereich der Poesietherapie.*«

Anhand dieser Definitionsversuche sehen Sie, dass wir alle nur um Worte ringen und unser Bestes geben, um Dinge so in Sprache zu kleiden, dass möglichst viele Menschen etwas damit anfangen können.

1.1 Für wen eignet sich das therapeutische Schreiben?

Zurück zu Ihnen und zwei Fragen, die sich stellen:

1. Für wen eignet sich das therapeutische Schreiben?
2. Wer profitiert davon?

Meiner Meinung nach steht das therapeutische Schreiben jedem offen, der aus Buchstaben Worte bilden kann, die Grundregeln des Satzbaus beherrscht und fähig ist, etwas zu notieren. Sie benötigen also weder spezielle literarische Fähigkeiten noch Grammatikkenntnisse, um vom therapeutischen Schreiben zu profitieren. Vielmehr ist in jedem Menschen ein sprachliches Ausdrucksvermögen vorhanden, das es ermöglicht, Gedanken und Gefühle in Worten auszudrücken und aufzuschreiben.

Dabei geht es beim therapeutischen Schreiben nicht darum, Schreiben zu lernen, sondern vielmehr darum, das zu verlernen, was Sie bisher über das Schreiben gelernt haben. Denn sowohl in der Schule als auch in den meisten Arbeitskontexten geht es in erster Linie darum, bestimmte Erwartungen zu erfüllen und auf eine Weise zu schreiben, die funktional und orthographisch korrekt ist. Solche formalen und inhaltlichen Erwartungen spielen im therapeutischen Schreiben keine Rolle. Denn es geht nicht darum, irgendwelche Erwartungen zu erfüllen oder etwas besonders gut oder richtig zu machen, sondern einzig darum, einen sprachlichen Ausdruck für Gedanken und Gefühle zu finden. Sie dürfen und sollen so schreiben, wie es Ihnen im Augenblick des Schreibens in den Sinn kommt.

> Selbstverständlich ist es unsinnig, sich zum therapeutischen Schreiben zu zwingen, wenn man keinen Bezug zur Sprache oder zum Schreiben hat. Dann ist ein anderes Ausdrucksmittel wie Tanzen, Malen oder Musik vielleicht sinnvoller. Aber wenn Sie gerne Schreiben und eine Affinität zur Sprache haben, werden Sie im therapeutischen Schreiben hilfreiche Ansätze finden.

Was hat Sie zum Schreiben gebracht? Seit wann schreiben Sie und welche Erfahrungen haben Sie damit gemacht? Sie können das Ganze gerne unter dem Arbeitstitel »Meine Schreibbiographie« verfassen.

1.2 Psychische Wirkungen des Schreibens

Der Versuch einer Annäherung an psychische Vorgänge und die Wirkungen des therapeutischen Schreibens kann immer nur exemplarisch erfolgen. Bei jedem Menschen laufen individuelle Prozesse ab, die sich in ihrer Komplexität weder ausreichend erfassen noch beschreiben lassen. Dennoch möchte ich an dieser Stelle ein paar der positiven Wirkungen des therapeutischen Schreibens aufführen, die sich in verschiedenen Kontexten immer wieder gezeigt haben.

Schreiben vermag Einsichten in Lebenszusammenhänge und die Bedingtheit unseres Schicksals zu geben und zur Bewältigung von Lebensproblemen und Krisen beizutragen. Schreiben ist eine Entdeckungsreise zu sich selbst und kann als Annäherung an die eigene Person sowie die Umwelt verstanden werden. Es öffnet einen Raum, in dem man ganz man selbst sein und sich in allen Bereichen und Belangen erforschen kann, in dem sich die Möglichkeit bietet, sowohl Ängste und Sorgen als auch Wünsche und Sehnsüchte zu benennen.

Die durch das Schreiben geförderte Kooperation der linken mit der rechten Hirnhälfte hilft, die Kapazität Ihres Gehirns zu verbessern. Durch das therapeutische Schreiben wird der linken Gehirnhälfte, die eher für strukturelles und logisches Denken zuständig ist, ein Zugang zu den Fähigkeiten der rechten Hirnhälfte gewährt, die für Bilder besonders empfänglich bzw. für deren Verarbeitung zuständig ist.

Obwohl diese Darstellung etwas vereinfacht ist, steht fest, dass sich durch die zunehmende Vernetzung der einzelnen Hirnareale die Möglichkeit bietet, in einen rhythmischen Fluss der Sprache zu finden und diesen kreativ zu nutzen. Dadurch gelingt es besser und einfacher, Probleme zu lösen.

Um das Schreiben für Sie hilfreich werden zu lassen, ist es wichtig, darauf zu achten, dass es eine leistungsfreie Zone bleibt. Ein Bereich, in dem Sie sich selbst erforschen können, ohne einer Bewertung unterworfen zu werden, weder durch sich selbst noch durch andere. Das Papier sollte für Sie ein geschützter und privater Raum sein, zu dem zunächst nur Sie Zugang haben und bei dem Sie entscheiden, wem Sie zu welchem Zeitpunkt wie viel Einblick gewähren wollen. Doch zunächst dient das Schreiben nur Ihnen selbst.

Ein weiterer Vorteil des Schreibens ist, dass es dabei zur Verlangsamung kommt, zum Innehalten, was Ihnen die Chance zur Selbstbesinnung gibt. Dabei bietet es sich an, mit der Hand zu schreiben, weil dies meistens langsamer vonstattengeht als das Tippen auf der Tastatur. Zudem aktiviert die komplexere motorische Bewegung, die man beim Schreiben mit der Hand vollführt, mehr Hirnareale als das Schreiben am Computer, was die Kreativität fördert und die Erinnerungsleistung steigert. Schreibend können Sie Ihre Gedanken und Gefühle sortieren und ordnen und gewinnen einen Überblick, über das, was bei Ihnen gerade ansteht und wichtig ist. Das kann Ihnen sowohl bei bevorstehenden Entscheidungen helfen als auch dabei, etwas zu verarbeiten, das Sie emotional belastet.

Sowohl beim Schreiben als auch Lesen Ihrer Texte wird sich Ihr Verhältnis zu den Ereignissen, die Sie beschäftigen, verändern. Sie werden eine distanziertere Haltung einnehmen und die Dinge aus einer Art Vogelperspektive betrachten, was vieles klarer und deutlicher zutage treten lässt. Auf dem Papier können Sie versuchsweise denken und handeln, so dass Sie verschiedene Szenarien durchspielen können, bevor Sie diese in der Realität erproben. Auf diese Weise kann das Schreiben als Reise an Orte verführerischer und aufständischer Wünsche verstanden werden. Als ein Ausflug, auf den Sie sich neugierig und mutig einlassen, um Grenzen zu erfahren und diese vielleicht sogar zu überschreiten.

Nun sind Sie aufgefordert, dieses Kapitel um Ihre eigenen Erfahrungen zu bereichern. Welche Wirkungen hat das Schreiben auf Sie? Wo hat das Schreiben Sie bisher hingeführt? Welche Absätze würden Sie diesem Kapitel gerne hinzufügen?

Was von dem, was Sie schreibend durchgespielt haben, möchten Sie in der Realität gerne einmal ausprobieren? Sollte es aus Ihrer bisherigen Schreibpraxis nichts geben, notieren Sie jetzt etwas, das Sie machen möchten und versuchen Sie, die Erfahrung auf dem Papier vorwegzunehmen.

1.3 Studien zur Wirkweise

Ich werde Ihnen in diesem Kapitel sowohl Studien präsentieren, die sich direkt auf Krebserkrankungen beziehen, als auch solche, die Faktoren untersuchen, die einen Einfluss auf die Krankheit und ihren Verlauf haben. Manche Ergebnisse erscheinen mitunter ein wenig widersprüchlich, was daran liegt, dass die Forscher unterschiedliche Schwerpunkte untersuchen und andere Aspekte in den Fokus rücken. Unstrittig erscheint jedoch über alle Studien hinweg, dass es hilfreich ist, seine Gefühle und Gedanken zum Ausdruck zu bringen, um einen passenden Umgang mit einer neuen Lebenssituation zu finden.

Möglicherweise werden Sie selbst schon festgestellt haben, dass die Regulation Ihrer Emotionen oder das Sprechen bzw. Schreiben über belastende Dinge, auch als Selbstoffenbarung bezeichnet, Einfluss darauf hat, wie Sie sich fühlen, so dass Sie nachvollziehen können, um was es in den genannten Studien geht. Oder aber Sie lassen das neue Wissen einfach erst einmal auf sich wirken und überzeugen sich in den darauf folgenden Schreibübungen davon, was bei Ihnen funktioniert und was nicht.

Es ist selbstverständlich Ihnen überlassen, ob Sie sich über alle Studien informieren möchten oder nur über die, die sich mit Ihrem speziellen Krankheitsbild beschäftigen. Anzumerken ist, dass sich viele Ergebnisse, die für eine bestimmte Krebsart beschrieben wurden, auch auf andere Krebserkrankungen übertragen lassen, so dass es sinnvoll sein kann, unter allen Studien nach für Sie persönlich hilfreichen Impulsen zu suchen.

Studien zu verschiedenen Krebserkrankungen

Bevor ich Ihnen die Untersuchungen präsentiere, die sich mit einzelnen Krebserkrankungen beschäftigen, möchte ich Ihnen ein paar Studien vorstellen, an denen Menschen mit verschiedenen Krebserkrankungen teilgenommen haben. Eine dieser Studien ergab zum Beispiel, dass sich die Menschen, die über ihre Krankheit geschrieben hatten, danach weniger gestresst fühlten und zudem besser mit Ablehnung und Unverständnis in ihrem Umfeld umgehen konnten (Zakowski & Kollegen, 2004). In einer anderen Studie, die am *Lombardi Comprehensive Cancer Center* in den USA durchgeführt wurde, zeigte sich, dass Menschen, die bei einem Untersuchungstermin während ihrer Wartezeit über ihre Krankheit und deren Einfluss auf ihr Leben schrieben, ihre Einstellung in positiver Hinsicht veränderten. Und das, obwohl die meisten von ihnen beim Schreiben mindestens einmal unterbrochen wurden. Am meisten profitierten in dieser Studie jüngere Teilnehmerinnen sowie Patientinnen, die ihre Diagnose erst vor kurzem erhalten hatten (Morgan & Kollegen, 2008).

Eine Studie von Patienten mit Krebs im fortgeschrittenen Stadium scheiterte daran, dass aufgrund ihres schlechten gesundheitlichen Zustands zum Zeitpunkt der Nachuntersuchung bei 90 % der Studienteilnehmer keine Daten erhoben werden konnten. Dennoch vermuten die Forscher dieser Studie, dass Schreiben eine hilfreiche Unterstützung bei der Verarbeitung der Krankheit sein kann, da sich in früheren Untersuchungen beispielsweise gezeigt hat, dass sich Ängste durchs Schreiben reduzieren lassen (Bruera & Kollegen, 2008).

In einer Untersuchung von Frauen mit unterschiedlichen Krebserkrankungen im gynäkologischen Bereich nahmen durch das Schreiben die depressiven Verstimmungen ab. Zudem erlangten die schreibenden Teilnehmerinnen eine lebensbejahendere und positivere Einstellung als die entsprechende Vergleichsgruppe, die nicht geschrieben hatte (Kallay & Baban, 2008).

Studien zu Brustkrebserkrankungen

Die meisten Studien, die sich mit den heilsamen Wirkungen des Schreibens bei Krebserkrankungen beschäftigen, wurden bei Patientinnen mit Brustkrebs durchgeführt. Schon die erste in diesem Bereich durchgeführte Untersuchung aus dem Jahr 2002 (Stanton

1.3 Studien zur Wirkweise

& Kollegen) zeigte, dass Frauen mit Brustkrebs im frühen Stadium (TNM 1 und 2), die über ihre Gedanken und Gefühle bezüglich ihrer Krankheit geschrieben hatten, in der Folge weniger Beschwerden beklagten und seltener einen Arzt aufsuchten als Frauen, die nicht geschrieben hatten. Ein weiteres Ergebnis der Studie war, dass Frauen, die schreibend nicht nur die Krankheit thematisierten, sondern zudem mögliche positive Aspekte der Erkrankung erwähnt hatten, die Diagnose besser verarbeiten konnten und ein positiveres Selbstbild sowie ein neues Selbstbewusstsein entwickelten als Frauen, die sich ausschließlich auf negative Aspekte fokussierten (Creswell & Kollegen, 2007).

In eine ganz ähnliche Richtung weist eine Untersuchung von Han und Kollegen (2008), in der Frauen mit Brustkrebs vor allem dann vom Schreiben profitierten, wenn sie in ihren Texten neben negativen auch positive Gefühle und Gedanken zum Ausdruck brachten. Und in einer Studie von Shaw und Kollegen (2006) fühlten sich vor allem jene Frauen wohler, die durch ihr Schreiben eine vertiefende Einsicht in ihre Krankheit erhalten hatten. In einer weiteren Untersuchung aus demselben Jahr litten Frauen, die ihre Gefühle zu Papier gebracht hatten, unter weniger Stimmungsschwankungen (Owen & Kollegen, 2006).

Gleich in zwei Studien aus dem Jahr 2006 zeigte sich, dass Frauen, die im Schreiben ihre Gefühle zum Ausdruck gebracht hatten, unter weniger Depressionen litten und eine höhere Lebensqualität hatten als diejenigen, die nicht geschrieben hatten (Liebermann & Goldstein, 2006; Low & Kollegen, 2006). In einer Untersuchung von de Moor und Kollegen (2008) erfuhren Frauen mit Brustkrebs durch das Schreiben vor allem dann eine Schmerzreduktion, wenn sie im Alltag starken sozialen Zwängen unterlagen. In einer anderen Studie von Frauen mit fortgeschrittenem Brustkrebs profitierten vor allem Frauen mit geringer sozialer Unterstützung vom Schreiben (Low & Kollegen, 2010).

In zwei Studien, an denen Frauen mit Brustkrebs am Schreiben in häuslicher Umgebung teilnahmen, führte das Schreiben sowohl zu einer verbesserten körperlichen als auch seelischen Gesundheit sowie dazu, dass mehr Frauen psychologische Hilfe in Anspruch nahmen (Mosher & Kollegen, 2012; Henry & Kollegen, 2010). Was zu den Ergebnissen einer Studie von Gellaitry und Kollegen (2010) passt, in der Frauen mit Brustkrebs im Frühstadium, die über ihre Krankheit schrieben, sich anschließend zufriedener mit ihrer psychologischen Betreuung äußerten. Zudem waren sie weniger depressiv und fühlten sich in ihrem sozialen sowie familiären Umfeld wohler als Frauen, die lediglich die Routinebehandlung erhalten hatten.

Eine relativ neue Untersuchung von Lu und Kollegen aus dem Jahr 2018 bestätigt die Ergebnisse der Studie von Liebermann und Goldstein aus dem Jahr 2006. Auch in dieser Studie trug das Schreiben zu einer verbesserten Lebensqualität von Frauen mit Brustkrebs bei. Weitere wichtige Erkenntnisse liefert eine Studie aus dem Jahr 2017 (Sohl & Kollegen), in der vor allem Teilnehmerinnen vom Schreiben profitieren, die bereit waren, sich zu öffnen und ihre Gefühle ungefiltert zum Ausdruck zu bringen.

Studien zum Prostatakarzinom

Leider gibt es nur eine einzige Untersuchung von Rosenberg und Kollegen (2002), die den Zusammenhang zwischen Schreiben und Prostatakrebs untersucht. In dieser Studie wurde die positive Wirkung des Schreibens daran deutlich, dass die Männer mit Prostatakrebs, die über ein belastendes Erlebnis geschrieben hatten, danach weniger körperliche Beschwerden hatten und dementsprechend seltener einen Arzt kontaktieren mussten als eine vergleichbare Kontrollgruppe.

Dass es für diese Krebsart nur so wenige Studien und Angebote zum therapeutischen Schreiben gibt, ist besonders bedauerlich, da eine bewährte Strategie beim Prostata-Karzinom das *watchful waiting* ist, auch *active surveillance* genannt. Eine Strategie, bei der nur beobachtet und nicht behandelt wird, was für die Betroffenen oftmals schwer auszuhalten ist. Gerade in einer solchen Situation könnte Schreiben hilfreich sein.

Studien zu Nieren- und Darmkrebs

Auch bei Nieren- und Darmekrebs gibt es jeweils nur eine einzige aussagekräftige Studie, die den Zusammenhang zwischen Krebs und den positiven Aspekten des Schreibens nachweist. In der Studie von de Moor und Kollegen (2002) berichteten Patienten mit einem Nierenkarzinom, die über ihre Erkrankung schrieben, über weniger Schlafstörungen und eine bessere Schlafqualität, die in der Folge dazu beitrug, dass die Patienten auch im Alltag weniger Beeinträchtigungen hatten. In der zweiten Studie kam es bei Patienten mit einem kolorektalen Karzinom (Darmkrebs) durchs Schreiben zur Stressreduktion. Außerdem nahmen depressive Verstimmungen ab, so dass sich auch bei diesen Teilnehmern die Lebensqualität verbesserte (Carmack & Kollegen, 2011).

Studien zur Emotionsregulation

Wie zu Beginn des Kapitels erwähnt, gibt es Faktoren, die Einfluss auf Krankheiten, ihren Verlauf und unser Erleben von Krankheit haben. Der Umgang mit Gefühlen ist beispielsweise ein solcher Faktor. Denn wie wir mit Gefühlen umgehen, hat entscheidenden Einfluss darauf, wie wir Ereignisse und damit auch Diagnosen und Krankheiten verarbeiten. Forscher konnten zeigen, dass das Schreiben zur Emotionsregulation beiträgt und zu einer Abnahme von depressiven Verstimmungen und Beschwerden beiträgt (Sloan & Kollegen, 2005). Doch um Einfluss auf unsere Gefühle zu nehmen, müssen wir sie in einem ersten Schritt zunächst einmal wahrnehmen und unterscheiden können.

> Emotionen aktiv zu erleben und zu beeinflussen, statt sie als Folge von Aktionen anderer Personen zu empfinden, denen man passiv ausgeliefert ist, wird als Emotionsregulationsfähigkeit bezeichnet (Koole, 2009; Lammers, 2008).

1 Therapeutisches Schreiben

Durch das Schreiben, dem ein genaues Wahrnehmen und Benennen vorausgeht, bietet sich uns die Gelegenheit, unsere Emotionen erkunden und Reaktion sowie Verhaltensmuster erkennen zu können und diese in einem zweiten Schritt so anzupassen, dass sie uns nicht schaden, sondern guttun. Indem Sie bestimmte Ereignisse und Erfahrungen schriftlich festhalten und sie damit zugleich gedanklich sowie emotional noch einmal durchspielen, lernen Sie Ihre eigenen Verhaltensweisen und Reaktionsmuster immer besser kennen, was ein Schlüssel dafür sein kann, dass Sie Ihre Gefühle und Ihr Verhalten in Zukunft besser steuern können. Gerade auch dann, wenn Sie erkennen, dass einige Ihrer Gefühle und die daraus resultierenden Reaktionen womöglich aus der Vergangenheit stammen und aktuell vielleicht gar nicht mehr passend bzw. angemessen sind und Sie sich möglicherweise auf die Suche nach neuen Verhaltensmustern und Lösungsansätzen begeben müssen.

Wie gut kommen Sie mit aufwühlenden Gefühlen zurecht? Wie bringen Sie diese zum Ausdruck? Wenn Sie mögen, beschreiben Sie ein Ereignis aus der näheren Vergangenheit. Dieses Ereignis kann etwas mit Ihrer Krebserkrankung zu tun haben, muss es aber nicht. Schreiben Sie den Text in der dritten Person, wie eine kleine Filmszene, die jemand anderes erlebt. Lesen Sie sich den Text nach einigen Tagen durch und notieren Sie, was sich durch das Schreiben und Lesen sowie den zeitlichen Abstand an Ihren Gefühlen hinsichtlich des Ereignisses verändert hat.

Beobachten Sie eine Zeitlang schriftlich, wie Sie sich in emotional aufgeladenen Situationen verhalten. Notieren Sie zunächst nur, was Sie wahrnehmen, ohne es zu bewerten oder verändern zu wollen. Legen Sie die entstandenen Texte beiseite und sehen Sie sich diese ein paar Tage später wieder an. Fragen Sie sich, ob Sie Muster erkennen. Dann überlegen Sie sich, welche Muster Sie beibehalten und welche Sie verändern wollen.

Studien zur Selbstoffenbarung

Es ist bekannt, dass ein aktives Zurückhalten von Gedanken und Gefühlen Stress verursacht, der durch Modulation vegetativer, endokriner und immunologischer Prozesse zum Ausbruch psychischer und psychosomatischer Krankheiten beitragen und zu Beeinträchtigungen im Alltag führen kann (Kirschbaum & Hellhammer, 1999; Finkenauer & Rimé, 1998). In den ersten theoretischen Annahmen Pennebakers spielte die Idee der Selbstoffenbarung *(emotional disclosure)* als wirksames Element des Expressiven Schreibens die größte Rolle, führte er doch zu Beginn seiner Untersuchungen Umfragen durch, in denen er Studierende sowie Angestellte einer großen Firma nach belastenden, bisher verschwiegenen Erlebnissen befragte und feststellte, dass diejenigen, die nie über diese Erlebnisse gesprochen hatten, zu 40 % häufiger einen Arzt aufsuchten als Kollegen, die die belastenden Erfahrungen mit jemandem geteilt hatten (Pennebaker & Susman, 1988).

Daher klingt es einleuchtend, dass eine Selbstoffenbarung, bei der wir unsere Gedanken und Gefühle zum Ausdruck bringen, den durch deren vorherige Hemmung entstandenen Stress und dessen Auswirkungen auf den Körper und die Psyche reduzieren kann. Dies wurde in einer Studie nachgewiesen, in der das Schreiben über ein belastendes Ereignis zu einer Verminderung depressiver Symptome und körperlicher Beschwerden führte (Radcliffe & Kollegen, 2010).

Andere Forscher konnten ganz ähnliche Effekte nachweisen. So ließen zum Beispiel amerikanische Wissenschaftler Studierende der Psychologie entweder über ein belastendes oder neutrales Thema schreiben. Studierende, die im Schreiben schwierige Gedanken und Gefühle losgeworden waren, suchten in der Zeit nach dem Experiment seltener einen Arzt auf als Studierende, die über ein neutrales Thema geschrieben hatten (Pennebaker & Beall, 1986). Eine 150 Studien umfassende Metaanalyse zeigte ebenfalls, dass das Schreiben über ein belastendes Ereignis zahlreiche positive Effekte sowohl auf die Psyche als auch den Körper hat (Frattaroli, 2006).

1 Therapeutisches Schreiben

Schreiben Sie über ein belastendes Erlebnis, das Ihnen jetzt gerade in den Sinn kommt. Es kann durchaus sein, dass dies nicht Ihre Krebserkrankung ist, sondern ein anderes Erlebnis, das durch Ihre Diagnose wieder in Ihr Bewusstsein geraten ist und Sie vielleicht noch mehr oder ebenso beschäftigt und belastet wie Ihre aktuelle Krebserkrankung. Notieren Sie alle Gedanken und Gefühle, die sich dazu einstellen und schreiben so lange, wie Ihre Erinnerungen fließen. Danach spüren Sie in sich und schreiben ein paar Zeilen darüber, wie es Ihnen geht, nachdem Sie diese Gedanken und Gefühle losgeworden sind.

Studien zur Verarbeitung belastender Erlebnisse

Ob und wie wir kritische Lebensereignisse verarbeiten und ob wir trotz belastender Erlebnisse psychisch gesund bleiben, hängt maßgeblich von unseren persönlichen Eigenschaften sowie unseren Bewältigungsstrategien und Ressourcen ab (DeGraaf & Kollegen, 2002). Entscheidend für die Verarbeitung belastender Erlebnisse sind dabei sowohl die gedankliche Herangehensweise an Probleme als auch der Umgang mit negativen Gefühlen und Gedanken. Und für diesen Umgang gibt es zwei grundlegende Modi. Zum einen können wir versuchen, unangenehme Gefühle und Gedanken zu unterdrücken oder wir können versuchen, sie uns anzusehen und durch Neubewertung so zu gestalten, dass sie in unser Welt- und Selbstbild passen. Im ersten Modus hoffen wir, dass sich die Intensität der negativen Gedanken und Gefühle abschwächt, wenn wir sie nur lange genug ignorieren, während der zweite Modus dazu dient, Erlebnisse so zu interpretieren, dass damit verbundene Gedanken und Gefühle erträglicher werden (Lepore & Greenberg, 2002).

Obwohl es zunächst verlockend klingt, schwierige Emotionen zu verdrängen, kostet die dauerhafte Gedanken- und Gefühlshemmung eine Menge Energie und benötigt viel von der Kapazität unseres Gehirns. Kommt es dann zusätzlich zu gedanklichem oder emotionalem Stress, geraten wir schnell an unsere Kapazitätsgrenzen, was zu einer negativen und depressiven Stimmung beitragen kann (Wenzlaff & Luxton, 2003).

> Auf lange Sicht scheint es also sinnvoller, negative Gedanken und Gefühle nicht zu unterdrücken, sondern die Verarbeitung belastender Erlebnisse so zu unterstützen, dass das Erlebte integriert werden kann (Samoilov & Goldfried, 2000).

Zu den schwer zu verarbeitenden Lebensereignissen zählen neben Verlusten und traumatischen Erlebnissen auch schwere und chronische Krankheiten, zumal diese oft mit Einschränkungen einhergehen und zu einer existentiellen Verunsicherung führen können, so dass das gewohnte und vertraute Leben umgestellt und neu organisiert werden muss. Dafür kann es hilfreich sein, die mit dem schwer zu verarbeitenden Ereignis einhergehenden Gedanken und Gefühle auf dem Papier zum Ausdruck zu bringen, um eine Neubewertung, inklusive neuer Zukunftsperspektiven, zu ermöglichen.

Studien zur Kognitionsförderung und Neubewertung

Kognitionen umfassen Prozesse des Wahrnehmens, Erkennens und Begreifens sowie Einstellungen, Gedanken, Bewertungen und Überzeugungen. Wie bereits angemerkt, bilden die Wahrnehmung und das Erkennen sowie die Einordnung und Strukturierung von Gedanken und Gefühlen und das zum Ausdruckbringen selbiger wichtige Grundlagen für einen konstruktiven Umgang mit Emotionen und Gedanken.

> Wie wir denken, beeinflusst maßgeblich, wie wir uns fühlen und verhalten. Manche Therapeuten verstehen psychische Störungen als Folge ungünstiger Denkmuster, die es zu identifizieren und durch günstigere zu ersetzen gilt (Ellis, 1993, 1973).

1 Therapeutisches Schreiben

Welchen Einfluss Kognitionen auf Erleben und Fühlen haben, fand Pennebaker nach mehreren Untersuchungen zur Wirksamkeit des Schreibens heraus. Er stellte die Theorie auf, dass die stressneutralisierende Wirkung des Schreibens auch durch Strukturierung und Übersetzung von ursprünglich verbal nicht zugänglichem, belastendem Material in kognitiv-emotionale Strukturen und verbale Elemente bedingt sei (Pennebaker, 1995). Dementsprechend würde Sprache Menschen in die Lage versetzen, stressauslösende Ereignisse zu strukturieren und kognitiv-emotionale Strukturen an situative und aktuelle Gegebenheiten anzupassen, was sie wiederum freier machen würde, um auf Lösungssuche zu gehen.

Eine Unterdrückung belastender Erlebnisse fordert kognitive Kapazität, so dass für aktuell anstehende Aufgaben nur eine verminderte Gehirnkapazität zur Verfügung steht (Znoj, 2008; Brewin & Beaton, 2002). Werden die belastenden Erinnerungen dagegen durch gedankliche Neustrukturierung zusammengefasst, führt das zur Einsparung von Gedächtniskapazität und zur Bereitstellung neuer kognitiver Ressourcen (Cantor & Engle, 1993).

Nach Analyse der Texte von Teilnehmern aus verschiedenen Schreibstudien kam Pennebaker (1997) außerdem zu dem Schluss, dass Teilnehmer, die im Verlauf des Schreibens eine steigende Anzahl von Worten, die Einsichtsprozesse vermuten lassen, verwendet hatten, am meisten Verbesserungen in Hinblick auf die Gesundheit verzeichnen konnten. Diese Ergebnisse passen zu denen von Maercker und Langner (2001), die eine persönliche Reifung von Personen nach erlebten Krisen auf die subjektive Erfahrung positiver Veränderungen zurückführen.

Im therapeutischen Schreiben, das ressourcenorientiert und potentialentfaltend ist, richtet sich der Blick, trotz aller Einschränkungen und Bedingtheiten, immer auch auf alte und neue Möglichkeiten, das Leben und Erleben positiv und sinnerfüllt zu gestalten, zumal das Sinnerleben eine große Rolle für unsere Gesundheit und unser Wohlbefinden darstellt. Der Psychiater und Neurologe Viktor Frankl benennt Sinngebung sogar als wesentliches Element zur Bewältigung von Krisen (Frankl, 1973). Auf diesen Ansatz stützen sich auch viele Versuche der Ressourcenaktivierung bei Krebspatienten. Das bedeutet nicht, dass schwierige Gefühle außer Acht gelassen werden, sondern dass der Blick geweitet wird und auch das in den Fokus nimmt, was das Leben lebenswert macht (Heimes, 2012).

Wenn Sie an die Zeit seit Ihrer Diagnosestellung denken, welche neuen Aspekte hat die Diagnose in Ihr Leben gebracht? Beschreiben Sie Veränderungen und Neuerungen und bemühen sich nach Möglichkeit, nicht wertend zu werden, sondern nur zu beschreiben, was sich auf welche Weise verändert hat.

Wenn Sie sich Ihr Leben vor der Diagnose ansehen und Ihr Leben seit der Diagnose, gibt es etwas, für das Sie dankbar sind und das Sie möglicherweise dazugewonnen haben?

Wenn das therapeutische Schreiben Sie aus wissenschaftlicher Sicht interessiert, können Sie gerne einen Blick in das Buch »Warum schreiben hilft. Die Wirksamkeitsnachweise zur Poesietherapie« (Heimes, 2012) werfen, in dem zahlreiche Studien zu den vielfältigen Wirkungen des therapeutischen Schreibens aufgeführt sind. Dies ist allerdings keine Voraussetzung dafür, dass Sie optimal von diesem Buch profitieren. Für alle, die am wissenschaftlichen Denken Spaß haben, noch zwei Schreibübungen, die dazu beitragen, dass Sie sich mit Ihrer Krankheit noch einmal aus einem ganz anderen Blickwinkel auseinandersetzen.

Wer weiß, vielleicht tragen Ihre Ideen und Texte und mögliche daraus entstehende Gespräche auf lange Sicht dazu bei, dass der Ansatz des therapeutischen Schreibens sowohl in der Praxis als auch der Forschung immer bekannter wird und zunehmend an Bedeutung gewinnt. Denn obwohl zahlreiche richtungsweisende Untersuchungen existieren, welche die positiven Wirkungen des therapeutischen Schreibens belegen, wird es noch deutlich zu selten in Kliniken und Praxen angeboten. Zudem werden die Kosten dafür bisher nicht von den Krankenkassen übernommen.

Welche Studie würden Sie selbst gerne durchführen? Was interessiert Sie, wenn es um das Thema »Krebserkrankungen« geht? Sowohl bezogen auf körperliche als auch psychische Aspekte.

Wenn Sie einen Fallbericht über sich selbst schreiben müssten, wie würde dieser lauten? Auch dies wieder sowohl in Hinblick auf körperliche als auch psychische Aspekte.

1.4   Der Aspekt der Selbstwirksamkeit

Da der Selbstwirksamkeit im therapeutischen Schreiben wie in allen Formen der Hilfe zur Selbsthilfe eine ganz besondere Bedeutung zukommt, möchte ich diesem Aspekt ein eigenes Kapitel widmen. Zunächst ein paar Worte dazu, was man unter dem Begriff der Selbstwirksamkeit versteht.

> Selbstwirksamkeit bezeichnet das Gefühl, das sich aus dem Vertrauen in die eigenen Fähigkeiten und Ressourcen ergibt und der Annahme, dass man Hindernisse überwinden und etwas erreichen und bewirken kann. Selbst ein Säugling erfährt bereits ein gewisses Gefühl der Selbstwirksamkeit, wenn er bemerkt, dass er Einfluss auf seinen Körper und die Welt hat (Cantazaro & Kollegen, 2000; Bandura, 1997).

1.4 Der Aspekt der Selbstwirksamkeit

Einige Wissenschaftler gehen davon aus, dass ein Teil der therapeutischen Wirkung des Schreibens in einer verbesserten Selbstwirksamkeit liegt, die darauf beruht, dass Schreibende das Gefühl haben, durch ihr Schreiben einen aktiven Beitrag zur Verbesserung ihrer Gesundheit zu leisten, was ihr Vertrauen in sich selbst stärkt, was wiederum die Selbstwirksamkeit erhöht (Langens & Schüler, 2007 und 2005; Brewin & Power, 1999).

In Gesprächen mit Betroffenen wird immer wieder deutlich, welche Verzweiflung das Gefühl der Machtlosigkeit auslöst. Gerade zu Beginn kann es in einem ersten Schritt deswegen bereits hilfreich sein, mit dem Schreiben von Listen zum Tagesablauf zu beginnen. Denn oft sind die Betroffenen aus dem Berufsleben gerissen, sitzen zu Hause und grübeln. Dann ist eine feste Struktur des Tages, die man bereits am Vorabend schreibend festlegen kann, besonders wichtig. Zumal das Abfassen von Listen zunächst einmal leichter fällt, als einen freien Text zu schreiben.

Wie jede kreative Tätigkeit lebt auch das Schreiben von einer positiven Haltung sich selbst gegenüber. Doch diese wohlwollende Haltung fällt uns mitunter schwer, gerade in Zeiten, in denen wir das Gefühl haben, unser Leben nicht mehr unter Kontrolle zu haben und nicht voll leistungsfähig zu sein. Im therapeutischen Schreiben sollten wir uns deswegen als erstes von Leistungsgedanken und Funktionsansprüchen verabschieden, die unser Selbstwertgefühl sowie das Selbstwirksamkeitsgefühl verschlechtern. Um einen Einstieg ins Schreiben zu finden, ist es hilfreich, wenn Sie Ihre Erwartungen zunächst einmal fallen lassen, vor allem, was mögliche Ansprüche angeht, literarische Qualität zu produzieren.

Wenn Sie fest daran glauben, dass Ihnen das Schreiben hilft, ein autonomes Selbstwertgefühl zu entwickeln, wird es genau das tun. Wenn wir der festen Überzeugung sind, dass uns etwas gelingen wird, erhöht das nämlich die Wahrscheinlichkeit, dass es uns auch tatsächlich gelingt, zumal die Selbstwirksamkeit vor allem auf der eigenen Zuschreibung von Erfolg respektive Misserfolg beruht. Der amerikanische Psychologe Albert Bandura entwickelte

1997 ein Konzept, in dem er vier Quellen für die Selbstwirksamkeitserwartung nennt:

1. Meistern schwieriger Situationen
2. Beobachten von Vorbildern
3. Erfahrung von sozialer Unterstützung
4. Erleben physiologischer Reaktionen

In mehreren Untersuchungen konnte gezeigt werden, dass ein Mensch schon allein dadurch eine positive Stimmung erzeugen kann, indem er glaubt, dass ein von ihm an den Tag gelegtes Verhalten einen positiven Einfluss auf seine Stimmung haben wird, ganz unabhängig davon, ob das entsprechende Verhalten überhaupt eine Wirkung auf die Stimmungslage hat (Catanzaro & Kollegen, 2000; Catanzaro & Greenwood, 1994).

Schreiben erhöht allerdings nicht nur die Selbstwirksamkeit, sondern setzt zugleich einen Selbstregulationsprozess in Gang (Greenberg & Kollegen, 1996). Schreibend vermögen wir, uns selbst zu helfen. Und das zu spüren, steigert wiederum unsere Selbstwirksamkeitserwartung, was in einem nächsten Schritt unsere Selbstwirksamkeit steigert. In der Folge sind wir nicht länger passive Rezipienten von Ratschlägen und Deutungen, sondern produzieren etwas, auf das wir stolz sein können und das es uns erlaubt, uns in eigener Sache kompetent zu fühlen.

> Hilflosigkeit macht uns krank, Selbstwirksamkeit handlungsfähig. Nicht wir werden gelebt, sondern wir selbst steuern unser Leben.

Schreiben eröffnet außerdem die Möglichkeit, ein konkretes Ergebnis in Händen zu halten, einen Text, den man so oft lesen, überarbeiten und fortführen kann, wie man will. Auf diese Weise stellen unsere Texte konkrete und zuverlässige Begleiter dar und sind zugleich ein Archiv unserer Gedanken und Gefühle. Auch das vermittelt ein Gefühl von Kontrolle und Selbstwirksamkeit und bildet ein Gegengewicht zu den Gefühlen der Ohnmacht und Resignation, mit dem psychische und körperliche Leiden oft einhergehen.

Schreibend haben Sie Macht über sich und Ihre Geschichte. Auf dem Papier haben Sie die Wahl. Diese Erfahrung und das daraus entstehende Gefühl der Kontrolle bleibt in der Folge nicht nur auf das Papier beschränkt, sondern weckt oft neue Lebensgeister und den Wunsch, das Gedachte, Phantasierte und Geschriebene auf den Alltag zu übertragen und es dort auf seine Tauglichkeit hin zu prüfen.

Erinnern Sie sich an ein Ereignis, das gut gelaufen ist und bei dem Sie schon vorher davon überzeugt waren, zu schaffen, was Sie sich vorgenommen haben. Beschreiben Sie so genau wie möglich, was passiert ist und wie Ihre Gedanken und Gefühle vor, während und nach dem Ereignis waren.

Machen Sie das Gleiche wie in der vorherigen Übung mit einem Erlebnis, bei dem Sie Zweifel und Versagensängste hatten. Beschreiben Sie auch dieses Ereignis so detailliert wie möglich. Dann sehen Sie sich beide Texte an und fragen Sie sich, was die beiden Ereignisse unterscheidet.

1.5 Das Element der Achtsamkeit

Weil der Achtsamkeit im therapeutischen Schreiben ebenfalls eine wichtige Rolle zukommt, wollen wir uns diesen Aspekt als nächstes ansehen.

Achtsamkeit bezeichnet die Fähigkeit, bewusst und ohne Wertung im Hier und Jetzt zu sein und zu erkennen, dass das Leben nichts weiter ist als eine Folge von Augenblicken. Man könnte Achtsamkeit deswegen auch als eine besondere Form der Aufmerksamkeit beschreiben, als neutrales Beobachten und Wahrnehmen, als intentionslose Konzentration auf das, was im Augenblick ist (Weiss & Harrer, 2010; Thich Nhat Hanh, 1988).

Achtsamkeit bedeutet auch, das Leben so zu nehmen, wie es ist und nicht beständig darüber nachzudenken, wie man es gerne hätte. Im Geist der Achtsamkeit sind Augenblicke weder gut noch schlecht, weder richtig noch falsch, sondern es sind lediglich Augenblicke (Heimes, 2012). Weiss und Harrer (2010) bezeichnen Achtsamkeit als eine interessierte, akzeptierende Haltung, die sich durch eine große Offenheit gegenüber allen Prozessen der Welt auszeichnet.

> Achtsamkeit ist ein wesentlicher Bestandteil des Schreibens, da wir nur über etwas schreiben können, das wir zuvor wahrgenommen haben, wobei sich Schreiben und Wahrnehmung in einem ständigen Wechselverhältnis befinden.

Schreiben schult die Aufnahme der Welt mit allen Sinnen, was zu einer veränderten Ausdruckskompetenz führt, die uns einen erweiterten Blick ermöglicht, der wiederum Einfluss auf unser Denken und Handeln hat. Erlebend werden wir zum Beobachter unserer Gedanken und Gefühle, was uns dabei hilft, uns von alten Konzepten zu lösen und offen für neue Erfahrungen zu werden.

Achtsamkeitsübungen wurden seit 1951 von Kabat-Zinn (2003) zur Stressreduktion in die medizinische Therapie eingebracht (*Mindfulness Based Stress Reduction*). Auch andere Therapeuten integrierten die Achtsamkeit in ihre Behandlungen. So etwa Kurtz (1994) in die von ihm entwickelte *HAKOMI-Methode* oder Gendlin (1998) in das *Focusing*. In der Verhaltenstherapie gibt es ebenfalls achtsamkeitbasierte Verfahren wie etwa die *Acceptance and Commitment Therapy (ACT)* (Hayes & Kollegen, 1999), die *Dialectical Beha-*

1.5 Das Element der Achtsamkeit

vioral Therapy (DBT) (Linehan, 1996) oder die *Mindfulness Based Cognitive Therapy (MBCT)* (Segal & Kollegen, 2001). In allen diesen Therapien macht man es sich zunutze, dass der Mensch durch die Entwicklung von Achtsamkeit eine größere Distanz und Toleranz seinen Gedanken und Gefühlen gegenüber entwickelt.

Entsprechend lassen sich wissenschaftliche Erkenntnisse aus der Meditation durch das gemeinsame Bindeglied der Achtsamkeit auch indirekt auf das therapeutische Schreiben übertragen. So kam es beispielsweise in einer Studie nach einem achtwöchigen Meditationstraining zu einer vermehrten Aktivität in der linken vorderen Hirnregion, die bei depressiven Störungen normalerweise wenig aktiv ist (Davidson & Kollegen, 2003). Interessant wären daher weitere Untersuchungen, ob eine Aktivierung dieser Region durch Meditation oder achtsame Schreibpraxis ebenfalls zu einer Verminderung depressiver Störungen beiträgt. Teasdale (1999) verweist darauf, dass ein achtsames Erleben sowie die Akzeptanz emotionaler Zustände die Grundlagen für eine gelungene Verarbeitung von Gefühlen darstellen. Und weil auch eine Krebserkrankung immer mal wieder mit depressiven Gefühlen einhergehen kann, kann man sich dieses Wissen auch bei einer solchen Diagnose zunutze machen.

Was bedeutet Achtsamkeit für Sie? In welchen Situationen und Augenblicken gelingt es Ihnen, achtsam zu sein?

Nehmen Sie wahr, wie es Ihnen gerade geht, ohne etwas bewerten oder verändern zu wollen. Befragen Sie Ihren Geist und Körper, was gerade ist, registrieren es und notieren es wie ein neutraler Protokollant, dessen Aufgabe es ist, die Gegebenheiten so genau wie möglich festzuhalten, ohne wertend oder korrigierend einzugreifen.

1 Therapeutisches Schreiben

Folgen Sie sich selbst wie mit einer Kamera. Denken Sie daran, dass das Auge der Kamera neutral ist. Notieren Sie, was Sie sehen.

Richten Sie Ihre Aufmerksamkeit auf Ihren Atem. Spüren Sie, wie die Luft in Ihren Körper hinein und wieder herausströmt. Atmen Sie und machen sich bewusst, dass Sie atmen. Wenn Ihre Gedanken abschweifen, kehren Sie geduldig zu Ihrem Atem zurück und finden Ihren ganz eigenen Rhythmus. Nach ein paar Minuten öffnen Sie die Augen und halten schriftlich fest, was Sie gerade erlebt haben.

Suchen Sie sich einen Platz, an dem Sie sich wohl und sicher fühlen, schließen die Augen und achten auf die Geräusche um sich herum. Registrieren Sie, welche Geräusche es gibt, ohne diese bewerten oder verändern zu wollen. Nach ein paar Minuten öffnen Sie die Augen und schreiben einen Text über das Wahrgenommene.

Beschäftigen Sie sich mit einer Zitronenscheibe. Wie sieht sie aus? Wie riecht sie? Wie fühlt sie sich an? Nachdem Sie die Zitronenscheibe auf diese Weise erkundet haben, lecken Sie daran oder beißen hinein. Welche Gedanken und Erinnerungen löst der Geschmack aus? Notieren Sie zunächst nur, was Sie wahrgenommen haben und erst danach, welche Gefühle, Gedanken und Erinnerungen die Übung in Ihnen ausgelöst hat.

1.6 Risiken und Nebenwirkungen

Alles, was eine positive Wirkung hat, kann auch eine negative Wirkung haben. Das gilt auch fürs therapeutische Schreiben. In manchen Untersuchungen war die Rede von einer kurzzeitigen

Stimmungsverschlechterung sowie einer Zunahme körperlicher Beschwerden direkt im Anschluss an die Schreibsitzung. Meist klangen die negativen Effekte jedoch wenige Stunden später wieder ab und in keinem der Fälle führten sie zu einem erhöhten Risiko für depressive Verstimmungen (Hockemeyer & Kollegen, 1999; Smyth 1998; Francis & Pennebaker, 1992). Diese kurze Stimmungsverschlechterung kann man sich vielleicht am ehesten als Ausdruck einer emotionalen Erregung erklären, die zeigt, dass sich der Schreibende auf ein emotional bewegendes oder belastendes Thema eingelassen hat.

Bedenkt man allerdings die zahlreichen Untersuchungen, in denen nie oder nur selten Hinweise auf eine Verschlechterung der Symptome auftauchen, scheint das Schreiben eine ziemlich sichere Methode zu sein (Baikie & Wilhelm, 2005).

Eine andere Frage, die sich in Hinblick auf Risiken und Nebenwirkungen stellt, ist, ob eine wiederholte Beschäftigung mit problembehafteten Themen zu einer Art Chronifizierung führen könnte. Während Schulte-Steinicke (2005) darauf verweist, dass das Beibehalten eines Themas über mehrere Schreibsitzungen hinweg das Risiko birgt, sich in eine sorgenvolle Stimmung zu schreiben, wiesen andere Forscher nach, dass Teilnehmer, die in drei aufeinanderfolgenden Sitzungen über das gleiche Thema schrieben, mehr gesundheitliche Vorteile hatten als jene, die über drei unterschiedliche Themen schrieben (Sloan & Kollegen, 2005). Dies könnte einer Mehrfachexposition gleichkommen, wie man sie beispielsweise in der Verhaltenstherapie anwendet, um eine Desensibilisierung zu erreichen.

Menschen mit einem akuten psychotischen Schub sollten jedoch lieber nicht oder nur unter professioneller Anleitung und Begleitung schreiben, weil sie oftmals ohnehin schon so tief in ihre eigene Welt eingetaucht sind, dass es ihnen mitunter schwerfällt, Realität und Fiktion zu unterscheiden, so dass man ihre Phantasie nicht zusätzlich anregen sollte.

> Sollten Sie beim Schreiben merken, dass das Geschriebene und Erinnerte Sie zu sehr aufwühlt und sollten Sie fürchten, die Gefühle nicht auszuhalten, hören Sie auf zu schreiben und beschäftigen sich zunächst mit etwas anderem. Reden Sie mit Freunden oder Angehörigen über Ihre Gefühle und Gedanken. Sollte sich Ihre Stimmung in den nächsten Tagen nicht wieder bessern, holen Sie sich bitte professionelle Unterstützung.

1.7 Grübeleien und Gedankenspiralen

Menschen, die schwere Schicksalsschläge erleiden oder mit lebensbedrohlichen bzw. chronischen Krankheiten zu kämpfen haben, neigen manchmal dazu, die Ursache für negative Ereignisse in sich selbst zu suchen. Die Geschehnisse werden dann vielfach durch eine Art negativ verzerrte Brille gesehen. Bei der Verarbeitung der Erfahrungen greifen Betroffene dann oftmals auf ungünstige Verhaltens- und Denkmuster zurück, die zu negativen Schlussfolgerungen führen und weitere negative Gedanken über sich, die Welt und die Zukunft generieren.

Dabei greifen die negativen Gedankeninhalte auf Schemata zurück, die durch vergangene Erfahrungen entstanden sind. Oft handelt es sich dabei um relativ stabile gedankliche Muster, die sich schon in der Kindheit und Jugend herausgebildet haben und durch bestimmte Ereignisse oder Stress reaktiviert werden. In diesen Fällen kann das therapeutische Schreiben helfen, die negativen Denkmuster zu erkennen und zu ersetzen.

1.7 Grübeleien und Gedankenspiralen

Beobachten Sie sich eine Woche lang jeden Tag drei Minuten lang beim Denken und protokollieren Ihre Gedanken. Hören Sie nach drei Minuten auf zu schreiben, auch wenn Ihre Gedanken weiterlaufen. Sehen Sie sich erst nach Abschluss der Woche an, was Sie geschrieben haben und verfassen einen Text dazu.

Häufig werden wir von den immer gleichen quälenden Gedanken heimgesucht. Notieren Sie die Top 10 Ihrer Gedankenspiralen und versuchen in einem zweiten Schritt, die entstandenen Sätze durch alternative zu ersetzen. Wenn dort beispielsweise steht: »Immer läuft bei mir alles schief«, könnte ein alternativer Satz lauten: »Manche Dinge in meinem Leben laufen schief, andere hingegen super.«

Stellen Sie sich vor, Ihr Kopf ist ein Aquarium und Ihre Gedanken schwämmen dort wie Fische herum. Welche Fische gibt es? Wie sehen sie aus? Bunt und schillernd oder eher grau und farblos? Was machen die Fische? Stoßen sie immer wieder gegen die Wände des Aquariums oder schwimmen im Kreis? Mögen Sie Ihre Gedankenfische? Welche Fische möchten Sie behalten und welche loswerden?

Stellen Sie sich vor, Sie stehen an einem Fließband. Neben Ihnen befinden sich zahlreiche Kartons. Sobald ein Gedanke in Ihrem Kopf auftaucht, nehmen Sie einen Karton, packen den Gedanken hinein, verschließen den Karton und stellen ihn aufs Fließband. Bei jedem Gedanken nehmen Sie einen neuen Karton, packen den Gedanken rein, verschließen den Karton und stellen ihn aufs Fließband. Sie haben ausreichend Kartons und können das Band Tag und Nacht laufen lassen. Beenden Sie die Übung, wenn Ihnen das passend erscheint, und schreiben einen Text darüber, was Sie erlebt haben.

2 Was ist eine Krebserkrankung?

Nachdem es im ersten Kapitel um das therapeutische Schreiben ging, wird es im zweiten Kapitel einige Informationen zum Thema Krebserkrankungen geben. Da es sich allerdings in erster Linie um ein Buch zum therapeutischen Schreiben handelt und das Thema Krebserkrankungen sehr umfangreich ist, können die Ausführungen dazu nur kursorisch sein. Krebs ist im allgemeinen Sprachgebrauch ein Sammelbegriff für Krankheiten, bei denen Körperzellen unkontrolliert wachsen, sich teilen und gesundes Gewebe verdrängen oder zerstören. Die deutsche Bezeichnung Krebs geht auf das griechische Wort *karkínos* zurück, das sowohl die Krankheit als auch das Tier bezeichnet. Krebs kann in den verschiedensten Organen des Körpers auftreten und geht von verschiedenen Zellarten aus. Ausgangspunkt der meisten Krebskrankheiten sind die inneren und äußeren Körperoberflächen.

> Krebserkrankungen sind nach Herz-Kreislauf-Erkrankungen die zweithäufigste Todesursache in Deutschland (Robert Koch Institut, 2021a).

Fast ein Viertel (23,5 %) aller Verstorbenen in Deutschland erlag im Jahr 2020 einem Krebsleiden. Das waren ungefähr so viele wie im Vorjahr 2019. 54 % der Krebstoten waren Männer, 46 % Frauen (Statistisches Bundesamt, 2021). Die häufigsten Todesursachen unter den Krebserkrankungen waren bei Frauen Brustkrebs (17 %), gefolgt von Lungenkrebs (16 %) und Darmkrebs (10 %). Bei Männern war Lungenkrebs für 22 % der krebsbedingten Sterbefälle verantwortlich, gefolgt von Prostatakrebs (12 %) und Darmkrebs (10 %) (Robert Koch Institut, 2021a).

2 Was ist eine Krebserkrankung?

Zwischen den Jahren 2000 und 2010 ist die Krebssterblichkeit bei Frauen um 11 % und bei Männern um 17 % zurückgegangen. Seit 2010 sind die Sterberaten an Krebs bei Frauen um 7 % und bei Männern um 12 % gesunken. Damit hat sich der Rückgang der Sterblichkeit durch Krebs im Vergleich zu den 2000er Jahren abgeschwächt. Klare Rückgänge sind in den letzten zehn Jahren bei beiden Geschlechtern bei Magenkrebs (Männer 29 %, Frauen 26 %) und Darmkrebs (Männer 21 %, Frauen 18 %) zu verzeichnen. Bei den Männern ging auch die Sterblichkeit an Lungenkrebs um 19 % zurück und bei Frauen sank die Sterberate für Eierstockkrebs um 15 %. Angestiegen sind bei beiden Geschlechtern hingegen die Sterberaten für bösartige Tumoren der Bauchspeicheldrüse um je 5 % und bei Frauen für Lungenkrebs um 11 %, wobei sich die Rate seit etwa 2013 stabilisiert hat (Robert Koch Institut, 2021a).

Die Überlebensraten sind je nach Krebsart unterschiedlich. Sie sind von der Tumorart abhängig und reichen von Ergebnissen unter 20 % für bösartige Tumoren der Lunge, Leber und Bauchspeicheldrüse bis hin zu Werten über 90 % für das maligne Melanom der Haut, den Hodenkrebs und den Prostatakrebs.

> Die relative 5-Jahres-Überlebensrate bezeichnet die Überlebenschancen von Krebspatientinnen und -patienten im Vergleich mit der allgemeinen Bevölkerung gleichen Alters und Geschlechts (Robert Koch Institut, 2021b).

Für viele Krebserkrankungen sind die Entstehungsmechanismen noch nicht ausreichend bekannt. Präventionsstrategien stehen daher nur für wenige Tumorarten zur Verfügung. Darunter sind allerdings die Krebsformen, die viele Menschen betreffen. Die Weltgesundheitsorganisation (WHO) geht davon aus, dass sich weltweit 30–50 % aller Krebsfälle durch Vorbeugung verhindern ließen. Das Deutsche Krebsforschungszentrums (DKFZ) schätzt, dass sich in Deutschland mindestens 37 % aller Krebsneuerkrankungen vermeiden oder zumindest beeinflussen lassen (DKFZ, 2018). Zu den Faktoren, die sich beeinflussen lassen, zählt das Rauchen, das 19 % aller Krebserkrankungen in Deutschland pro Jahr auslöst. Auch die Rolle von Übergewicht und Bewegungsmangel in Hinblick auf die Entstehung von Krebserkrankungen ist hinlänglich bekannt, zumal länger andauernde Stoffwechselschieflagen in der Regel mit Bluthochdruck, hohen Blutfett- und Blutzuckerwerten einhergehen, welche wiederum zu entzündlichen Prozessen im Körper führen, die wahrscheinlich an der Entstehung von Krebserkrankungen beteiligt sind (Robert Koch Institut, 2021b). Unter den ernährungsabhängigen Faktoren spielt der Alkoholkonsum eine wichtige Rolle. Wenig Obst, Gemüse oder Ballaststoffe bei einem zugleich hohen Anteil von rotem, verarbeitetem Fleisch an der Ernährung konnten ebenfalls als Risikofaktoren für mehrere Tumorarten identifiziert werden. Zu den vermeidbaren Krebsrisikofaktoren gehört zudem der ultraviolette Anteil des Sonnenlichts (UV-Strahlung).

Neben diesen zum Großteil vermeidbaren Faktoren können auch genetische Ursachen das Risiko für Krebserkrankungen erhöhen. Bisher sind jedoch nur wenige Genveränderungen eindeutig als Ursache für bestimmte Tumorarten wie etwa Brust- und Eierstockkrebs oder Darmkrebs identifiziert worden.

> Das Angebot der gesetzlichen Krankenversicherung zur Krebsfrüherkennung betrifft bösartige Tumoren der Haut und des Darms sowie Brust- und Gebärmutterhalskrebs bei Frauen und Prostatakrebs bei Männern (Robert Koch Institut, 2021b).

Sollten Sie in der Vergangenheit bereits eine Menge getan haben, um sich gesund zu halten und Ihr persönliches Risiko für eine Krebserkrankung zu verringern und dennoch Krebs bekommen haben, wie fühlen Sie sich? Was könnten Sie ab jetzt zusätzlich für sich tun?

Anmerkend zu dieser Übung sei gesagt, dass es nicht darum geht, Schuldgefühle bei Ihnen hervorzurufen, sondern in einem ersten Schritt, zu sehen, ob solche vielleicht existieren, um in einem zweiten Schritt einen Umgang damit zu finden. Wie in diesem Kapitel und im Verlauf des Buches hoffentlich deutlich wird, kann eine Krebserkrankung jeden von uns zu jedem Zeitpunkt im Leben treffen. Ganz egal, wie wir uns bisher verhalten haben. Deswegen kann es nur darum gehen, welche Gefühle und Gedanken die Erkrankung und alles, was mit ihr einhergeht, in Ihnen auslöst und wie Sie einen Umgang mit entsprechenden Gedanken und Gefühlen finden können.

Löst Ihre Krebserkrankung irgendwelche Schulgefühle in Ihnen aus? Stellen Sie sich vor, Sie sind Ihr eigener Anwalt und Sie müssten dem kleinen Teufel in Ihnen, der Ihnen zusätzlich zur Belastung durch die Krankheit auch noch Schuldgefühle einreden will, einen Brief schreiben, in dem Sie alle Schuldzuweisungen ganz klar zurückweisen.

2.1 Die Diagnose und was nun?

Obwohl sich die Behandlungsmöglichkeiten ständig verbessern, löst die Diagnose Krebs bei den meisten Menschen erst einmal Angst aus. Besonders in den ersten Tagen verändert eine solche Diagnose alles und stellt private sowie berufliche Pläne infrage. Der Alltag muss aus dem Stand heraus neu organisiert werden, weil notwendige und wichtige Untersuchungstermine und Arztgespräche anstehen. Behandlungspläne müssen entworfen werden und einige Therapien beginnen vielleicht unmittelbar nach Stellung der Diagnose.

Zudem drängt sich immer wieder die Frage auf: »Warum gerade ich?« Und genau dieser Frage wollen wir in der folgenden Schreibübung nachgehen. Denn auch wenn ihre Beantwortung nicht möglich ist und vielleicht auch nicht unbedingt zielführend, geistert sie doch in unserem Kopf herum und will beachtet werden.

Schreiben Sie folgenden Satz auf ein Blatt Papier: »Warum gerade ich?« Schreiben Sie ungefiltert drauflos, auch wenn Ihr Schreiben Sie womöglich zu ganz anderen Themen führt.

Verfahren Sie mit dem Satz: »Was möchte ich ab heute anders machen?« ebenso wie mit dem Satz in der vorherigen Übung und lassen Ihren Gedanken und Gefühlen freien Lauf.

Nach der Diagnosestellung ging es zunächst darum, sich über die Krankheit sowie Therapieoptionen zu informieren und darum, einen Arzt oder eine Ärztin zu finden, der oder die Sie gut behandeln und begleiten kann. Vielleicht haben Sie sich, nachdem Sie die Diagnose erfahren haben, Zeit genommen, um den Schock zu verdauen und sind erst dann – wahrscheinlich auch aufnahmebereiter – in Gespräche mit Ärzten eingestiegen.

In jedem Fall würde ich Ihnen für anstehende Arztgespräche empfehlen, sich Notizen zu machen, sowohl im Vorfeld als auch während der Gespräche sowie direkt danach, um wesentliche Aspekte des Gespräches sowie neu auftretende Fragen nicht zu vergessen, zumal Sie sicherlich aufgewühlt sind und viele komplexe Themen zur Sprache kommen werden. Vielleicht mögen Sie einen Angehörigen oder Vertrauten zu den Gesprächen mitnehmen, der Sie unterstützt, ebenfalls zuhört und Fragen stellt, sofern Sie selbst etwas vergessen.

2.1 Die Diagnose und was nun?

> Schrecken Sie nicht davor zurück, Ängste, Sorgen und Zweifel anzusprechen sowie eine zweite ärztliche Meinung einzuholen.

Oft hat man das Gefühl, schnell handeln zu müssen, damit sich der Krebs nicht weiter ausbreitet. Besprechen Sie mit Ihrem Arzt, wie eilig Entscheidungen getroffen werden müssen. Meist kommt es bei der Behandlungsplanung nicht auf ein paar wenige Tage an, aber es gibt natürlich Ausnahmen wie bspw. sehr schnell fortschreitende Krebserkrankungen oder lebensbedrohliche Symptome wie Luftnot, Blutungen oder starke Schmerzen. Dann ist es natürlich wichtig, schnell zu entscheiden und zu handeln.

In allen anderen Fällen sollten Sie sich die Zeit nehmen, die Sie brauchen, um wichtige Entscheidungen zu treffen. Holen Sie sich vielleicht zusätzlich professionelle Unterstützung bei Krebsberatungsstellen oder Psychoonkologen. Sammeln Sie Ihre Untersuchungsergebnisse und legen eine Mappe an, so dass auch Sie alle wichtigen Unterlagen zur Hand haben, unabhängig davon, dass der Arzt oder die Ärztin Ihres Vertrauens diese Informationen ebenfalls sammelt.

Wichtig ist, dass Sie einen Onkologen finden, bei dem Sie sich wohlfühlen und bei dem die Fäden zusammenlaufen. Dieser Arzt oder diese Ärztin kann und sollte Ihnen als persönlicher Begleiter und Ansprechpartner dienen und alle Schritte koordinieren. Außerdem sollten er oder sie sicherstellen, dass alle einbezogenen Fachleute allzeit über wichtige Befunde informiert sind.

Ob Sie Ihre Diagnose gerade erhalten haben oder schon länger damit leben, notieren Sie Ihre Krebserfahrung. Schreiben Sie, wie es Ihnen damit geht. Wer hat Ihnen die Diagnose mitgeteilt? Wie gut haben Sie sich informiert und aufgefangen gefühlt? Wer hat Sie unterstützt? Was hätten Sie sich (noch) gewünscht? Was wünschen Sie sich jetzt?

Notieren Sie alles, was Sie seit Diagnosestellung erinnern und was Ihnen wichtig erscheint.

Was haben Sie seit der Diagnose getan, um mit Ihrem Leben zurechtzukommen? Was hat Ihnen geholfen und was war schwierig?

Schreiben Sie einen Brief an den Arzt oder die Ärztin, der oder die Ihnen die Diagnose mitgeteilt hat.

Notieren Sie, was Sie sich von Ihrem therapieführenden Arzt wünschen. Schreiben Sie drauflos, sortieren können Sie, wenn Sie überlegen, ob und was Sie ins Gespräch bringen wollen.

2.2 Krebs, ein traumatisches Geschehen

Krebserkrankungen kommen in der Regel plötzlich und unerwartet und stellen häufig eine existentielle Bedrohung dar, weswegen sie von der *American Psychiatric Association* als traumatisches Geschehen eingeordnet wurden. Denn ähnlich wie bei anderen Psychotraumata kann es auch bei Krebserkrankungen zu einer fundamentalen Verunsicherung kommen, die oft damit einhergeht, dass unsere Grundannahmen, Wertvorstellungen und Prioritäten in Frage gestellt werden. Lebensmodelle und Beziehungen müssen unter Umständen neu definiert, das gewohnte Leben umgestellt und eine neue Selbstorganisation erlangt werden. Und wie bei anderen Psychotraumata kann es auch bei einer Krebserkrankung zu Gedankenkreisen und Grübeleien sowie Vermeidungsverhalten kommen, wobei ein unterstützendes Umfeld diese Probleme zu reduzieren vermag (Lepore, 2001). Umgekehrt kann ein belastendes Umfeld die

2.2 Krebs, ein traumatisches Geschehen

Probleme natürlich verstärken. Auch wenn wir auf diese Herausforderung später noch genauer eingehen, möchte ich Ihnen an dieser Stelle schon einmal eine Übung dazu anbieten.

Welche Unterstützung wünschen Sie sich von Ihrem Umfeld? Versuchen Sie dabei so konkret wie möglich zu werden.

Eine Studie aus dem Jahr 2018 (Chan & Kollegen) hat gezeigt, dass etwa jeder fünfte Patient mit einer Krebsdiagnose mehrere Monate nach der Diagnosestellung unter einer Posttraumatischen Belastungsstörung leidet. Das zeigt, wie belastend eine solche Diagnose ist und dass die Belastung sogar trotz erfolgreicher Therapie anhalten kann, da zahlreiche Betroffene mit der Angst leben, dass der Krebs wieder ausbrechen könnte.

Das traumatische Erleben hängt auch damit zusammen, dass das eigene Welt- und Selbstbild durch die Diagnose und das Gefühl der Lebensbedrohung erschüttert wird und wieder neu aufgebaut werden muss. Aus anderen Kontexten und Studien weiß man, dass das therapeutische Schreiben helfen kann, das traumatische Erleben in das gestörte Selbst- und Weltbild zu integrieren und Perspektiven zu entwickeln (Pennebaker & Seagal, 1999).

Ein weiterer Effekt des therapeutischen Schreibens könnte in der erfolgreichen Übersetzung von Gefühlen in Schrift und der damit einhergehenden besseren Kommunizierbarkeit und den sich daraus ergebenden sozialen Interaktionsmöglichkeiten liegen (Pennebaker & Chung, 2007). Zudem kann sich bei Menschen in Extremsituationen ein Gefühl der Sinn- und Hoffnungslosigkeit einstellen. Dies kann dazu führen, dass die eigene Existenz in Frage gestellt oder zumindest hinterfragt und damit auch die Sinnfrage zentral wird. Auch in diesen Fällen erleichtert das therapeutische Schreiben die Einordnung des Geschehens in den größeren Kontext des Lebens und ermöglicht die Entwicklung von Copingstrategien, was zu einem gesteigerten Gefühl der Selbstkontrolle beiträgt (Niederhoffer & Pennebaker, 2002).

Was glauben Sie, was für einen Sinn die menschliche Existenz hat? Hat Ihre eigene Existenz einen besonderen Sinn? Hat sich seit Ihrer Diagnose etwas an Ihrem Sinnerleben geändert?

Welchen Sinn möchten Sie Ihrem Leben ab heute geben? Wie würden Sie den Fokus Ihres Lebens ab heute beschreiben wollen?

Ebenso wie Kriege, Naturkatastrophen oder schwere Unfälle kann auch eine Krebsdiagnose das Vertrauen in die Ordnung der Dinge auf grundlegende Weise erschüttern. Wie Traumatisierte aus anderen Kontexten finden Menschen mit Krebserkrankungen oft keine Erklärung für das Geschehen, was dazu führt, dass sie sich in einem existenziellen Ausnahmezustand befinden, der ihre innere Orientierung sowie ihre psychische Stabilität gefährdet. Oft leiden Betroffene deswegen auch unter Gefühlen der Fassungslosigkeit (Sachsse, 2004).

Kann ein Mensch in einer lebensbedrohlichen Situation weder kämpfen noch fliehen, was die unmittelbaren Reaktionen wären, verfällt er mitunter in einen Erstarrungszustand (*freezing*), gepaart mit innerer Übererregung (*hyperarrousal*) (Heimes, 2012; Maercker, 2003).

Auch bei einer Krebsdiagnose kann man zunächst weder fliehen noch kämpfen, was zu einer Art Schockstarre führt, die erst im Verlauf aufgelöst werden kann, indem über das Geschehen, in diesem Fall die Diagnose, Erkrankung und Therapie, geredet oder geschrieben wird (Heimes, 2012). Manchmal ist es auch gar nicht die

Diagnose, die Gefühle der Ohnmacht und Hilflosigkeit hervorruft, sondern Erlebnisse aus der Vergangenheit, die durch die Diagnose reaktiviert werden, so dass es Sinn macht, herauszufinden, was aktuell tatsächlich am belastendsten ist. Zumal auch Sorgen um nahe Angehörige eine große Rolle spielen.

Was belastet Sie aktuell am meisten? Denken Sie daran, dass dies nicht unbedingt die Krebsdiagnose sein muss, sondern dass es sich dabei auch um frühere Erlebnisse handeln kann oder um die Sorgen um Angehörige oder Ihren Beruf. Lassen Sie alle Gefühle und Gedanken zu und schreiben sich ungefiltert alles von der Seele.

2.3 Formen und Phasen von Krebserkrankungen

Es gibt keine Schemata, die verlässliche Aussagen erlauben, wie eine Krebserkrankung verläuft. Jede Krebserkrankung hat ihren ganz eigenen Verlauf, der wiederum von Art, Größe und Ausbreitung des Tumors abhängt. Außerdem spielt der Zeitpunkt, zu dem die Krebserkrankung entdeckt wird, eine wesentliche Rolle für die Prognose. Unzweifelhaft gilt für die meisten Krebsarten, dass die Prognose umso besser ist, je früher die Diagnose gestellt und mit der Behandlung begonnen werden kann.

Während sich auf körperlicher Ebene also nicht vorhersagen lässt, wie eine Krebserkrankung verlaufen wird, weiß man aus verschiedenen Erfahrungsberichten und Beobachtungen, dass die Betroffenen auf psychischer Ebene ähnliche Emotionszustände durchlaufen. Die Psychiaterin Elisabeth Kübler-Ross hat dazu ein

Schema entworfen (1969). Und obwohl es eigentlich für den Umgang mit dem nahenden Tod erstellt wurde, wird es zunehmend auch in anderen Bereichen angewendet, wie etwa für den Prozess der Trauer oder lebensbedrohliche Erkrankungen, die oftmals auch mit Abschied und Trauer einhergehen, und wenn es nur der Abschied von einem Leben ist, wie man es bisher kannte, von Gewohnheiten und Vorlieben und vielleicht von künftigen Möglichkeiten und Chancen.

Gemäß Kübler-Ross (1969) können für den Prozess des Sterbens und der Trauer sowie bei chronischen oder lebensbedrohlichen Krankheiten wie Krebserkrankungen fünf Phasen unterschieden werden.

Die erste Phase wird auch als Phase des Leugnens bezeichnet. Sie zeichnet sich insbesondere dadurch aus, dass Betroffene die Diagnose nicht wahrhaben wollen. Erfahren Menschen eine schlimme Prognose, reagieren sie zunächst oftmals mit Schock, Verleugnung oder Empfindungslosigkeit. Diese Schockphase kann als Schutzreaktion der Psyche verstanden werden und durchaus hilfreich sein.

Nach dem ersten Schock brechen in der zweiten Phase dann meist Emotionen wie Wut durch. Manchmal treten die Gefühle der Wut auch unbewusst und unterschwellig auf und zeigen sich vor allem darin, dass man den Betroffenen nichts recht machen kann. Gerade für Angehörige ist es in dieser Phase wichtig, das aggressive oder mitunter ablehnende Verhalten nicht auf die eigene Person zu beziehen, sondern als Teil eines extrem schwierigen Prozesses zu verstehen.

In der dritten Phase kommt es schließlich zum Feilschen und Verhandeln. Betroffene beginnen dann oft, mit sich selbst, den Ärzten und dem Schicksal oder Gott zu verhandeln. Es kann auch sein, dass in dieser Phase Wünsche geäußert werden, die vermeintlich unrealistisch scheinen. Wichtig erscheint es in dieser Phase einerseits nicht die Hoffnung zu verlieren und aufzugeben, andererseits aber auch zu vermeiden, dass falsche Hoffnungen entstehen.

In der vierten Phase überwiegen depressive Gefühle. Es wird getrauert über alles, was nicht mehr möglich ist oder nicht mehr möglich sein wird und damit auch über alles, von dem Abschied genommen werden muss. An die Phase der Trauer und Niedergeschlagenheit schließt sich in der Regel eine Phase der Akzeptanz an. In dieser fünften Phase tritt eine gewisse Ruhe ein. Manchmal stellt sich sogar ein versöhnliches Gefühl ein.

Die beschriebenen Phasen müssen nicht unbedingt nacheinander durchlaufen werden. Es kann auch sein, dass Betroffene eine Phase überspringen, eine gar nicht durchleben oder zwischen den einzelnen Phasen hin- und herwechseln. Auch die Zeitdauer der Phasen ist individuell. Insgesamt ist das Modell nur als grobe Annäherung an einen extrem vielschichtigen Prozess zu verstehen und soll Betroffenen, Angehörigen und professionell Pflegenden helfen, den Prozess besser zu verstehen. In beinahe jeder Phase schwingen immer auch Gefühle der Angst vor dem Tod sowie Hoffnung auf Heilung mit.

> Wichtig ist es, zu wissen, dass diese Phasen nicht nur von Betroffenen, sondern zuweilen auch von Angehörigen durchlebt werden.

Wie verhält es sich bei Ihnen: Fühlen Sie sich hilflos und erstarrt? Oder haben Sie die Idee, gegen den Krebs ankämpfen zu wollen und zu müssen? In welcher Gemütslage befinden Sie sich aktuell?

Welche Gemütslagen haben Sie seit Ihrer Diagnosestellung durchlaufen? Oder schwanken Ihre Gefühle, so dass Sie sich wie bei einer Achterbahnfahrt fühlen?

Vielleicht mögen Sie diese beiden Aufgaben in verschiedenen Zeitabschnitten immer mal wieder aufs Neue beantworten, um mögliche Entwicklungen wahrzunehmen. Dann können Sie unter Umständen auch beobachten, ob und was sich auf welche Weise geändert hat und zudem herausfinden, ob Sie die Entwicklung beeinflusst haben, und falls ja, wodurch. Dies kann Ihnen dann vielleicht helfen zu verstehen, was Sie selbst tun können, um einen günstigen Einfluss auf Ihre Gefühlslage zu nehmen.

2.4 Somatische Therapie als Belastungsfaktor

Die zunehmenden Verbesserungen therapeutischer Möglichkeiten bei Krebserkrankungen haben nicht nur zu verbesserten Chancen und einer verlängerten Lebenszeit beigetragen, sondern sind zugleich selbst zum Belastungsfaktor für Betroffene geworden.

> Die Psyche eines an Krebs erkrankten Menschen wird nicht nur durch die Erkrankung stark belastet, sondern zusätzlich durch die oft mit Nebenwirkungen einhergehenden Behandlungen sowie der Angst vor sekundären Tumoren, die beispielsweise durch eine Strahlentherapie ausgelöst werden können.

Hinzu kommen der drohende oder tatsächliche Verlust bestimmter Funktionen (z. B. Verlust von Fruchtbarkeit bzw. Zeugungsfähigkeit) oder der Verlust von Körperteilen wie etwa der Brust oder von Extremitäten. Deswegen geht es sowohl in der Psychoonkologie als auch beim therapeutischen Schreiben nicht nur darum, die Krankheit zu verarbeiten, sondern ebenso darum, einen Umgang mit den kurz- und langfristigen Folgen der Therapie zu finden.

Mit welchen Belastungen durch die Therapie haben Sie zu kämpfen? Notieren Sie sowohl kurz- als auch längerfristige Belastungen. Was davon stellt für Sie aktuell die größte Herausforderung dar? Wer oder was könnte Ihnen helfen, diese zu meistern?

Gibt es etwas, dass Sie durch Ihre Erkrankung oder die damit einhergehende Therapie verloren haben? Hatten Sie Zeit und Raum, diese Verluste zu verarbeiten? Wenn Sie mögen, schreiben Sie eine Art Abschiedsbrief für alles, was Sie verloren haben.

2.5 Schmerzen bei Krebserkrankungen

Im Verlauf von Krebserkrankungen treten in den meisten Fällen irgendwann Schmerzen auf. Ein Drittel der Betroffenen leidet schon in einem frühen Erkrankungsstadium an Schmerzen, im weiteren Verlauf sind es bis zu 90 %. Dabei kann der Schmerz sowohl vom Tumor selbst als auch von seinen Tochtergeschwülsten (Metastasen) ausgelöst werden. Oder sogar durch die Therapie. Bisphosphonate zum Beispiel sind ein wichtiger Erfolgsfaktor in der Behandlung von Knochenmetastasen, machen aber oft auch selbst Knochenschmerzen, vor allem zu Beginn der Behandlung. Tumorbedingte Schmerzen treten in der Regel dann auf, wenn das Tumorwachstum eine Schwellung im umliegenden Gewebe verursacht, was Schmerzreize auslöst. Vor allem bei schnell wachsenden Tumoren kann die Intensität der Schmerzen rasch zunehmen. Zudem kann es durch den Druck auf das Gewebe zu Durchblutungsstörungen und Entzündungen kommen. Weiterhin können Komplikationen wie Hautgeschwüre oder Pilzinfektionen auftreten (Deutsche Schmerzgesellschaft e. V.).

Auch die Therapie kann zu Schmerzen führen. So kann eine Chemotherapie beispielsweise schmerzhafte Entzündungen und Nervenschädigung hervorrufen. Meist handelt es sich dabei um Dauerschmerzen mit intermittierenden Spitzen. Außerdem kann es nach einer Chemotherapie zu Muskelschmerzen kommen und nach einer Bestrahlung zu schmerzhaft entzündeten Schleimhäuten (Deutsche Krebshilfe).

> Wie wirksam sich Schmerzen behandeln lassen, ist unter anderem von der Ursache abhängig, weshalb es notwendig ist, dieser auf den Grund zu gehen.

Die Weltgesundheitsorganisation empfiehlt bei Tumorschmerzen das sogenannte Stufenschema. Dabei werden auf der ersten Stufe Schmerzmittel vom Typ der Nicht-Opioid-Analgetika eingesetzt. Dazu zählen Wirkstoffe wie Metamizol, Ibuprofen oder Diclofenac. Reicht das nicht aus, werden zusätzlich Opioide gegeben. Diese ähneln den Endorphinen, die unser Körper bei Schmerz selbst produziert. Sie entfalten ihre Wirkung vor allem in Gehirn und Rückenmark (WHO, 2018).

Auch seelische Schmerzen und soziale Herausforderungen sowie Nöte können Schmerzen auslösen, die ebenso schwerwiegen können wie die tumorbedingten Schmerzen. Neben einer Therapie auf körperlicher, medikamentöser Ebene sollte deswegen immer auch ein Angebot zur psychologischen und sozialen Unterstützung erfolgen. Und Sie selbst können ebenfalls dazu beitragen, einen Umgang mit Ihren Schmerzen zu finden, indem Sie sich schreibend entlasten.

Schmerzen lassen sich nicht messen und auf welche Art und wie intensiv man Schmerzen erlebt, hängt von vielen Faktoren ab. Entscheidend für die Bewertung von Schmerz ist immer auch, dass ein aktueller Schmerz mit bereits gemachten Erfahrungen abgeglichen wird. Das heißt, je öfter, länger und intensiver ein Mensch in seinem Leben schon unter Schmerzen gelitten hat, umso sensibler wird er.

2.5 Schmerzen bei Krebserkrankungen

Obwohl Schmerzen, ebenso wie alle anderen Gefühle, zunächst eine sinnvolle und schützende Funktion haben, können sie zum Problem werden, wenn sie sich verselbstständigen oder lange anhalten. Während akuter Schmerz ein Warnsignal ist, hat chronischer Schmerz diese Funktion nur noch bedingt (Heimes, 2015).

Ziel einer Behandlung ist es zum einen, die Schmerzen zu reduzieren und zum anderen, die Schmerzwahrnehmung zu ändern. Schmerzwahrnehmung hat auch viel damit zu tun, wie wir uns selbst erleben und was wir von unserem Körper erwarten, z. B. dass er reibungslos funktionieren sollte.

Oft können im Verlauf einer Therapie auch bereits länger zurückliegende und vielleicht noch immer emotional belastende Ereignisse, Kränkungen und Verluste zutage treten, die ihren Anteil am Schmerz haben (Heimes, 2015). Deswegen wollen wir uns in den folgenden Übungen aus ganz unterschiedlichen Perspektiven mit dem Thema Schmerz beschäftigen.

Die Farbe Rot wird häufig mit Schmerz assoziiert. Rot steht aber nicht nur für Schmerz, sondern auch für Leidenschaft und Liebe. Schreiben Sie eine rote Geschichte und lassen Sie sich dorthin tragen, wo die Worte Sie hinführen.

Schmerzen sind in der Regel unerwünscht. Kein Mensch würde Schmerzen freundlich zu sich einladen. Aber genau das möchte ich Ihnen jetzt vorschlagen. Denn auch wenn Schmerzen oft Feindbildcharakter haben, sind sie in uns und nicht von uns getrennt, weswegen es keinen Sinn macht, sie zu bekämpfen. Und wenn wir die Schmerzen schon nicht loswerden oder vermeiden können, kann es hilfreich sein, es mit einer anderen Strategie zu versuchen. Stellen Sie sich vor, Sie haben beschlossen, Ihre Schmerzen als Gast zu empfangen. Entwerfen Sie eine Einladung und überlegen, was Sie mit Ihrem Gast machen wollen. Beschreiben Sie die Vorbereitungen und wie das Treffen läuft, angefangen von der Ankunft Ihres Gastes bis zum Abschied.

2 Was ist eine Krebserkrankung?

Erinnern Sie sich an einen Tag in Ihrem Leben, an dem Sie keine Schmerzen hatten und beschreiben ihn so konkret wie möglich. Was haben Sie gemacht? Wie haben Sie sich gefühlt?

Menschen mit anhaltenden Schmerzen haben mitunter keine positive Beziehung mehr zu ihrem Körper. Die Vorstellung vom Körper ist mit Schmerzen verbunden und ergo ist der Körper negativ besetzt. Was lässt sich Positives über Ihren Körper sagen? Notieren Sie auch Dinge, die Ihnen vermeintlich banal oder selbstverständlich vorkommen.

Enttäuschungen spielen bei Schmerzen ebenfalls eine große Rolle, nicht zuletzt die Enttäuschung über den eigenen Körper, der nicht so problemlos »mitspielt«, wie man sich das wünscht. Was fällt Ihnen zum Thema Enttäuschung ein?

Was, abgesehen von Schmerzfreiheit, könnte zur Verbesserung Ihrer Lebensqualität beitragen?

2.6 Krebserkrankungen und Depressionen

Auch wenn die Therapien immer besser werden und die Chancen auf Heilung steigen, ist die Diagnose Krebs immer noch ein Schock. Fragen, Ängste, Unsicherheiten und Ohnmachtsgefühle stehen im Raum. Die Therapien und das Leben mit der Erkrankung verlangen nicht nur dem Körper einiges ab, sondern stellen auch eine erhebliche Belastung für die Psyche dar. Gerade in Anbetracht des oft unsicheren Verlaufs und der tiefgreifenden Veränderungen können Krebserkrankungen auch mit Verzweiflung und Niederge-

2.6 Krebserkrankungen und Depressionen

schlagenheit einhergehen. Und auch wenn sich kaum vorhersagen lässt, wie Menschen mit einer Ausnahmesituation umgehen, wird die Grundstimmung über die Dauer der Behandlung und die Zeit der Nachsorge immer wieder schwanken, abhängig natürlich auch davon, um welche Art Krebs es sich handelt, welche Therapien erforderlich sind und wie die Krankheit sowie der Heilungsprozess verlaufen.

> Nicht immer sind Niedergeschlagenheit und Mutlosigkeit Zeichen einer Depression und nicht alle Krebspatienten werden seelisch krank.

Dennoch steigt durch eine Krebserkrankung das Risiko, an einer Depression zu erkranken. Da Depressionen kein einheitliches Krankheitsbild bieten, bleiben diese manchmal allerdings über längere Zeit hinweg unbemerkt. Erste Hinweise wie Traurigkeit, Antriebsschwäche oder Zukunftsängste werden bei Krebspatienten dann häufig der Situation zugeschrieben. Doch eine Depression ist eine eigenständige Erkrankung, die als solche behandelt werden sollte, zumal sie den Leidensdruck zusätzlich erhöht.

Neben der Situation, die Niedergestimmtheit und Traurigkeit und sogar eine Depression auslösen kann, regen manche Tumore die Produktion bestimmter Botenstoffe an, die Depressionen begünstigen und zugleich Prozesse bremsen, die der Depression entgegenwirken können. Und obwohl dieser Zusammenhang bisher nur bei Ratten nachgewiesen werden konnte, gehen Forscher davon aus, dass es sich um einen allgemeingültigen Mechanismus handelt, der auch beim Menschen anzutreffen ist (Pyter & Kollegen, 2009).

Sollte bei Ihnen im Verlauf Ihrer Krebserkrankung also eine begleitende Depression diagnostiziert werden oder bereits vor der Krebserkrankung eine Depression bestanden haben, sollten Sie sich wegen dieser in fachärztliche Behandlung begeben, da eine Depression einen negativen Einfluss auf den Verlauf der Krebserkrankung sowie deren Therapie haben kann. Symptome wie Antriebsmangel oder mögliche kognitive Einschränkungen können schließlich auch dazu führen, dass die Therapie, die für die Krebserkrankung erforderlich ist, nicht zur Gänze wahrgenommen wird und die doppelte Belastung durch beide Erkrankungen in einen Teufelskreis mit Verschlechterung beider Krankheiten führt (Psota, 2014).

Schreiben Sie zwei Texte. Der erste Text startet mit dem Halbsatz: »Ich bin mutlos ...« Der zweite mit dem Halbsatz: »Ich bin voller Hoffnung ...« Lassen Sie sich zwischen dem Schreiben beider Texte ausreichend Zeit.

Welche Faktoren haben Einfluss darauf, dass Sie sich mutlos oder hoffnungsvoll fühlen? Wie können Sie diese beeinflussen?

Beginnen Sie einen Text mit den Worten: »Ich bin traurig, weil ...«

Wer oder was hilft Ihnen, sich trotz Krankheit und Symptomen zu motivieren? Was bereitet Ihnen Freude und vermittelt Ihnen Zuversicht?

2.7 Lebenszeit und Lebensqualität

Lebensqualität ist ein vielschichtiger Begriff, der zahlreiche Aspekte des Befindens umfasst, zu denen sowohl die körperliche und seelische Verfassung gehören als auch soziale Beziehungen. Lebensqualität ist zum einen eine sehr persönliche Sache, was erklärt, warum ähnliche Umstände von verschiedenen Menschen

2.7 Lebenszeit und Lebensqualität

unterschiedlich bewertet werden. Zum anderen gibt es Aspekte, die für viele Menschen hinsichtlich der Lebensqualität wichtig erscheinen. Dazu zählen körperliches Wohlbefinden, seelische Stabilität, Selbstständigkeit im Alltag, ein sicheres Umfeld, Spiritualität und das Gefühl von Sinn (Welpe, 2008).

Für Menschen mit Krebserkrankungen bedeutet Lebensqualität vor allem, schmerzfrei und ohne größere Beschwerden zu leben. Wie bereits angemerkt, ist eine qualifizierte Schmerztherapie in der Lage bei den meisten Patienten eine Schmerzlinderung, in vielen Fällen sogar Schmerzfreiheit zu erreichen. Schmerz- und Beschwerdefreiheit sind aber nicht die einzigen Faktoren für Lebensqualität. Auch kreative und autonome Handlungen können die Lebensqualität verbessern. Entsprechend vermögen künstlerische Therapien, zu denen das therapeutische Schreiben zählt, die Lebensqualität zu steigern. Denn eine kreative Eigentätigkeit kann nicht nur die Krankheitsverarbeitung unterstützen, sondern vermag zugleich das Wohlbefinden zu steigern. Maßgeblich ist dabei auch das Bedürfnis, aktiv etwas zur eigenen Gesundung beizutragen und die Kontrolle über sich und den Körper wiederzuerlangen.

> Lebensqualität kann auch bedeuten, der Erkrankung zum Trotz am Leben teilzunehmen.

Wenn es um die Lebensqualität geht, sollte das Augenmerk nicht auf die Krankheit und die Folgen gerichtet werden, sondern auf Möglichkeiten, die sich, trotz aller Einschränkungen, eröffnen. Vielleicht kann das sogar bedeuten, auf einschränkende oder belastende Therapien zu verzichten, um die noch verbleibende Lebenszeit ohne Krankenhausaufenthalte oder Belastungen durch Therapien zu verbringen (Welpe, 2008).

2 Was ist eine Krebserkrankung?

Was bedeutet Lebensqualität für Sie? Welche Faktoren sind für Ihre persönliche Lebensqualität ausschlaggebend?

Was können Sie konkret dazu beitragen, Ihre Lebensqualität aktuell zu verbessern?

Was bräuchten Sie von anderen, um Ihre Lebensqualität zu steigern? Wie könnten Sie das bekommen?

Welcher Zusammenhang besteht zwischen Ihrer Kreativität und Ihrer Lebensqualität?

Vielleicht kennen Sie das Konzept der Salutogenese von Antonovsky (1997), der Krankheit nicht als das Gegenteil von Gesundheit versteht, sondern von einem Gesundheits-Krankheits-Kontinuum ausgeht. Der entscheidende Punkt für ihn ist, dass ein Mensch sein Leben als verstehbar, sinnvoll und bewältigbar erleben muss, um gut zurecht zu kommen. Denn nur dann entsteht laut Antonovsky ein Gefühl der Stimmigkeit (Kohärenzgefühl), das in der Folge sowohl zur körperlichen als auch seelischen Gesundheit beiträgt.

Inwieweit verstehen Sie Ihr Leben als sinnvoll und haben das Gefühl, die Herausforderungen bewältigen zu können? Sowohl im Hinblick auf Ihre Krebserkrankung als auch im Hinblick auf andere Aspekte.

2.8 Krebserkrankungen und Beziehungen

Krebserkrankungen sind aber nicht nur für Betroffene eine große Herausforderung, sondern auch für das gesamte Umfeld. Nicht immer ist es leicht, alles zu sagen, was einem auf dem Herz liegt. Weder für Betroffene noch für Angehörige. Oft möchten Betroffene ihre Partner, Kinder und geliebte Menschen schützen und sie doch zugleich wissen lassen, was in ihnen vorgeht und wie es um sie steht, sowohl körperlich als auch emotional. Ebenso besteht umgekehrt oftmals der Wunsch von Partnern und geliebten Menschen, zu erfahren, was in den Betroffenen vorgeht. Dabei ist es mitunter schwierig, zu erkennen, wann Gesprächsbedarf besteht oder wann Betroffene sich lieber zurückziehen wollen, um das Geschehen selbst erst einmal zu verarbeiten.

Weil eine direkte Kommunikation in bestimmten Situationen unter Umständen als schmerzhaft und schwierig erlebt wird, kann es mitunter hilfreich sein, sich schriftlich auszudrücken und zu verständigen. Und weil das sowohl für Betroffene als auch Angehörige gilt, finden Sie an dieser Stelle Übungen für beide.

Schreiben Sie an einen Menschen, dem Sie mitteilen möchten, wie es Ihnen aktuell geht, was Sie denken und fühlen. Vielleicht mögen Sie auch zum Ausdruck bringen, was Sie sich von diesem Menschen wünschen, respektive was Sie aktuell brauchen.

Haben Sie das Gefühl, jemanden besonders stark zu belasten? Wer ist das und haben Sie der betreffenden Person schon davon erzählt? Jetzt haben Sie die Gelegenheit, das einmal schriftlich tun.

Vielleicht möchten Sie Angehörige oder Freunde einladen, Ihnen ebenfalls einen Brief zu schreiben, in dem diese ihre Gefühle und Gedanken Ihnen gegenüber zum Ausdruck bringen können.

Unter Umständen können Sie sich auch mit Angehörigen oder Freunden die Zeit für einen schriftlichen Dialog nehmen. Anders als bei den Übungen, in denen es ums Schreiben eines Briefes geht, sind Sie in dieser Übung beide zusammen an einem Ort und schreiben jeweils einzelne oder mehrere Sätze auf, um dem anderen diese direkt zu geben, so dass dieser direkt darauf antworten kann. Wie in einem mündlichen Dialog, den Sie in diesem Fall einfach schriftlich führen, so dass Sie und Ihr Gesprächspartner mehr Zeit zum Verarbeiten und Reagieren haben und möglicherweise auch Dinge zu Papier kommen, die schwer auszusprechen sind.

Schreiben Sie einen Brief an eine geliebte Person, den diese lesen kann, sofern die Krebserkrankung Sie von diesem Menschen vorzeitig trennen sollte.

Bei größeren Veränderungen oder Schicksalsschlägen im Leben haben wir manchmal das Bedürfnis, alte Konflikte mit wichtigen Menschen zu lösen, können dies aber vielleicht nicht immer persönlich tun. Schreiben Sie auch diesen Menschen Briefe. Dabei kommt es nicht darauf an, dass Sie die Briefe verschicken, sondern in einem ersten Schritt geht es darum, dass Sie für sich Klarheit gewinnen und Dinge zu einem für Sie passenden inneren Abschluss bringen. Ob und wann Sie die Briefe senden, können Sie zu jedem Zeitpunkt neu entscheiden.

Schreiben Sie verschiedene Briefe an die Menschen, mit denen Sie gerne noch etwas klären möchten.

3 Supportive Therapien

Supportive Therapien sind seit Jahrzehnten fester Bestandteil der Betreuung von Patienten mit Krebserkrankungen (Wedding, 2014). Gemäß der Definition der European School of Medical Oncology (EMSO) sollen supportive Therapien bei der Betreuung an Krebs erkrankter Menschen helfen, um das Wohlbefinden der Patienten und ihrer Familien in allen Stadien der Erkrankung zu verbessern sowie soziale Unterstützung zu gewährleisten (zit. n. Wedding, 2014).

3.1 Psychoonkologie und Psychotherapie

Der Begriff der *Onkologie* umfasst alle Fachrichtungen, die sich mit Krebs beschäftigen. Daraus folgt, dass sich der Begriff der *Psychoonkologie* auf seelische und soziale Faktoren bezieht, die mit einer Krebserkrankung zusammenhängen. In den medizinischen Leitlinien (Leitlinienprogramm, Deutsche Krebsgesellschaft, Deutsche Krebshilfe, AWMF, 2014) wird eine psychoonkologische Intervention als eine nicht-medikamentöse Maßnahme definiert, in der psychologische Methoden und solche aus der Sozialarbeit allein oder in Kombination durchgeführt werden. Zum Einsatz kommen Psychoedukationsverfahren, Methoden aus der Psychotherapie, Stressbewältigungstrainings, soziale Beratung sowie Entspannungsverfahren. Die Künstlerischen Therapien, zu denen auch das therapeutische Schreiben zählt, gehören ebenfalls zu den psychoonkologischen Interventionen.

3 Supportive Therapien

> Ziel der Maßnahmen ist eine Verminderung der psychischen und sozialen Belastung und eine Steigerung der Lebensqualität.

Vor allem im Anschluss an die akute Phase, in der zahlreiche Untersuchungen und Therapien stattfinden, treten, wie bei anderen schweren und chronischen Krankheiten, psychosoziale Probleme in den Vordergrund. Aus dieser Erfahrung heraus ist die Disziplin der Psychoonkologie entstanden, die neben den medizinischen Aspekten vor allem die seelischen und sozialen Folgen einer Krebserkrankung in den Fokus nimmt, um eine umfassende Unterstützung der Patienten zu ermöglichen (Schwarz & Götze, 2008).

Als eigenständige Disziplin hat sich die Psychoonkologie erst vor etwa 35 Jahren etabliert. Entsprechend groß ist der Bedarf an Forschung. Dennoch ist die Psychologie der an Krebs erkrankten Menschen in den letzten Jahrzehnten immer mehr in das Blickfeld des öffentlichen und psychologischen Interesses gerückt (Ferris & Kollegen, 2002). Dazu beigetragen hat das Wissen um den Einfluss psychologischer und sozialer Faktoren auf den Krankheitsverlauf. Hierzu zählen sowohl Umfeldfaktoren als auch Belastungen, die mit den Therapien einhergehen und großen Einfluss auf die Lebensqualität haben können (Aldridge & Kollegen, 2002).

In der Psychoonkologie geht es um jegliche Belastungen, die durch Krebserkrankungen entstehen können. Dazu gehören sowohl körperliche Probleme als auch Herausforderungen, die durch Therapien und deren Nebenwirkungen entstehen, sowie Sorgen um Familie, Freunde und Beruf. Durch oftmals längere Zeiten der Arbeitsunfähigkeit, die ein geringeres Einkommen zur Folge haben, sowie durch Zuzahlungen zu Medikamenten, kann es zu finanziellen Belastungen kommen, die nicht immer abgefangen werden können. Und obwohl nichts davon selbstverschuldet ist, ist das oft ein schambesetztes Thema. Aber bei finanzieller Not können oft auch die Krebsgesellschaften helfen, die zum Beispiel über sogenannte Härtefonds verfügen. Zögern Sie also bitte nicht, auch in dieser Hinsicht Hilfe in Anspruch zu nehmen.

3.1 Psychoonkologie und Psychotherapie

Zu diesen Sorgen und Problemen gesellen sich Ängste vor einem Voranschreiten der Erkrankung sowie dem Tod. Dabei geht es in der psychologischen Betreuung nicht nur um die Zeit der Krankheit, sondern auch um die Nachsorge, da sogar tumorfreie, als geheilt geltende Patienten noch lange nach ihrer Heilung unter Krankheitsängsten leiden können.

Die Psychoonkologie vermag also sowohl bei der Diagnostik als auch der Therapie von Ängsten, Depressionen, Trauer oder möglichen suizidale Gedanken helfen. Zudem kann sie einen wichtigen Beitrag beim Auftreten von Rezidiven oder Metastasen leisten, sowie in den Fällen, in denen wenig oder keine Hoffnung auf Heilung besteht, sondern nur lindernde Maßnahmen eingeleitet werden können.

> Somit übernimmt die Psychoonkologie während der verschiedenen Krankheitsphasen unterschiedliche Aufgaben, um Betroffene bei der Bewältigung der Erkrankung zu unterstützen.

Als unterstützende Maßnahmen, die das emotionale Befinden von Patienten mit Krebs verbessern können, zählen folgende Verfahren: professionell geleitete Gruppen, Familien- und Paartherapie, Selbsthilfegruppen und ergänzende Therapien, zu denen Kunst-, Musik- und Gestalttherapie zählen und unter denen sich, wie im Absatz zuvor beschrieben, auch das therapeutische Schreiben einordnen lässt (Tschuschke, 2002).

Was verstehen Sie unter Psychoonkologie? Haben Sie eine solche Unterstützung erfahren oder befinden sich aktuell vielleicht noch in derartigen begleitenden Maßnahmen? Wie geht es Ihnen damit? Was würden Sie sich von einer solchen Therapie (noch) wünschen?

3 Supportive Therapien

Welche Belastungen stehen neben der Erkrankung selbst für Sie im Vordergrund? Was könnte Ihnen dabei helfen, einen guten Umgang damit zu finden?

Welche zusätzliche Unterstützung wünschen Sie sich? Wen könnten Sie ansprechen, um diese zu erlangen?

3.2 Künstlerische und kreative Therapien

Obwohl die heilsame Kraft der Künste bereits in der Antike beschrieben wurde, begannen erst Anfang des 20. Jahrhunderts einzelne Persönlichkeiten die therapeutische Bedeutung des künstlerischen Ausdrucks sowohl bei gesunden als auch kranken Menschen zu beachten. Deswegen ist die kunsttherapeutische Forschung im Vergleich zu anderen Wissenschaftsbereichen eine noch eher junge Disziplin (Gruber & Kollegen, 2002). Seit etwa zwanzig Jahren zeigt sich allerdings eine verstärkte Tendenz, die heute in medizinisch und psychotherapeutisch arbeitenden Einrichtungen fest etablierten, kunsttherapeutischen Angebote auf eine wissenschaftliche Basis zu stellen. Die Motivation dazu kommt nicht zuletzt durch die Forderung der Kostenträger, einen Beweis für die Notwendigkeit und die Wirksamkeit dieser Therapieverfahren zu liefern (Henn & Gruber, 2004).

Aber die Notwendigkeit kunsttherapeutischer Angebote in der Onkologie wird immer deutlicher, wie Prof. Michael Bamberg, Kongresspräsident des 26. Deutschen Krebskongresses in Berlin sagte: »Für alle Patienten stellt die Diagnose Krebs eine schwerwiegende Belastung dar. Ängste, Erschöpfungszustände, Schlafstörungen oder Depressionen können die Folge sein, bei deren Bewältigung die Psychoonkologie wertvolle Hilfestellung leisten kann. Kreative Verfahren wie Mal-, Tanz- und Musiktherapie haben dabei eine besonders große Bedeutung, denn sie weisen den Patientinnen und Patienten eine aktive Rolle in der Bewältigung der psychischen Folgen ihrer Erkrankung zu« (Bamberg, 2004).

Die Psychoanalytikerin Esther Dreifuss-Kattan stellte ebenfalls fest, welchen Einfluss psychische Aspekte einer Krebserkrankung und die mit dem Leiden und der Behandlung verbundenen Gefühle auf die Lebensqualität der betroffenen Patienten nehmen kann. In ihrer Studie »Cancer Stories and self repair« betrachtete sie verschiedenste künstlerische Arbeiten von an Krebs erkrankten Menschen und kam zu der Überzeugung, dass der künstlerische Ausdruck einen bedeutenden Einfluss auf den seelischen und damit auch den körperlichen Zustand hat. Sie schlussfolgerte, dass die Kreativität ein intuitiv gewähltes Mittel der Patienten sei, um den Einfluss ihrer Psyche auf ihre Befindlichkeit zu steuern. Sie versteht den künstlerischen Ausdruck als einen Versuch der psychischen Selbstheilung. In ihre Untersuchung gingen 110 englisch- und deutschsprachige Werke ein, verfasst von Autoren, die unter Krebs litten. Exemplarisch demonstrierte sie, dass krebskranke Menschen über künstlerische Aktivitäten zur Reorganisierung des Selbst und zur Abwehr schwerer Bedrohungen gelangen und erklärte die Wirkung der Kunst wie folgt: »Literarische oder künstlerische Arbeit ermöglicht es dem Krebspatienten, die Gegebenheiten der Krankheit von den daran beteiligten Gefühlen bis zu den Einzelheiten der Behandlung zu objektivieren, zu externalisieren und damit zu kommunizieren. Gegebenheiten, die von Angesicht zu Angesicht nur schwer mitteilbar sind« (Dreifuss-Kattan, 1990).

Das erweiterte Ausdrucksvermögen, der kommunikative Aspekt der Kunst, erlaubt es dem Patienten jedoch nicht nur, sich von unsäglichen, belastenden Gefühlen zu distanzieren, sondern befähigt ihn zugleich, sich positive, stärkende Gefühle und Erfahrungen wieder anzueignen, die er im Verlauf oder schon vor Ausbruch der Krankheit aus dem Bewusstsein gelöscht hat.

> Über die Kunst erfährt der Mensch, dass er trotz Krankheit im Kontakt mit seiner Umwelt ist, aufnehmen und erleben kann.

Dabei scheinen das Wechselspiel zwischen Innen und Außen sowie die Reorganisation des Selbst wesentliche Bestandteile des kunsttherapeutischen Wirkprozesses zu sein und können damit als Schlüssel zur Gesundung fungieren (Aldridge & Kollegen, 2002).

Welche Bedeutung hat Kunst für Sie? Sind Sie künstlerisch tätig? Verstehen Sie darunter bitte auch Tätigkeiten, die nicht unbedingt zu künstlerischen Produkten im herkömmlichen Sinn führen, sondern für Sie einen künstlerischen Ausdruck darstellen. Hilft es Ihnen, sich auf diese Weise auszudrücken?

Welche Unterstützung würden Sie sich wünschen, um kreativ und künstlerisch zum Ausdruck kommen zu können? Gibt es etwas, dass Sie gerne einmal ausprobieren würden? Was braucht es, damit Sie das tun können?

Vervollständigen Sie bitte den folgenden Satz: »Ich bin ein künstlerischer Mensch, weil ...«

Was sind Ihre bevorzugten Ausdrucksmittel? Stehen Ihnen diese zur Verfügung? Wodurch unterscheiden diese sich vom Gespräch? Sind diese künstlerischen und kreativen Mittel für Sie auch Kommunikationsmittel? Wenn ja, auf welche Weise?

3.3 Selbsthilfegruppen bei Krebserkrankungen

Wie für die meisten Krankheiten und Probleme gibt es auch für Menschen mit Krebserkrankungen Selbsthilfegruppen, die sich dadurch auszeichnen, dass sich in ihnen Menschen mit ähnlichen Beschwerden und Problemen treffen und miteinander austauschen, meist ohne professionelle Anleitung. In den Gruppen bietet sich die Möglichkeit, mit Betroffenen über die Krankheit und die sich daraus ergebenden Schwierigkeiten zu reden und zu schreiben. Das hat den Vorteil, dass man von den Erfahrungen der anderen profitieren und die eigenen weitergeben kann. Das kann das Selbstwertgefühl steigern und zudem das Empfinden der sozialen Isolation verringern, das bei schweren Krankheiten oft vorhanden ist. Außerdem kann es einen Teil der Belastung von Freunden und Angehörigen nehmen.

In einer Selbsthilfegruppe können Sie sich wechselseitig unterstützen und Halt geben. Im optimalen Fall handelt es sich um einen geschützten Raum, der es Ihnen ermöglicht, Sie selbst zu sein und Ihre Gefühle und Gedanken zum Ausdruck zu bringen. Außerdem bietet eine solche Gruppe die Chance, aktiv zu werden und der erlebten Passivität, die oftmals mit einer Krankheit einhergeht, etwas entgegenzusetzen.

Wie bei allen ergänzenden Maßnahmen versteht es sich, dass eine Selbsthilfegruppe kein Ersatz für therapeutische Interventionen ist, zumal noch unklar ist, welche Faktoren in Selbsthilfegruppen zur Krankheitsverarbeitung beitragen und welche tendenziell eine Belastung darstellen, zumal einige Untersuchungen auch einen nachteiligen Effekt von Selbsthilfegruppen festgestellt haben (Helgeson & Kollegen, 1999; Helgeson & Cohen 1996; Redd 1995). Probieren Sie am besten aus, ob eine solche Gruppe für Sie persönlich eher eine Entlastung oder Belastung darstellt und handeln entsprechend.

Stellen Sie sich vor, wie es wäre, eine Selbsthilfegruppe zu besuchen. Notieren Sie alle Ihre Hoffnungen und Wünsche sowie Ihre Befürchtungen und Sorgen. Sollten Sie bereits in einer Selbsthilfegruppe sein, notieren Sie, wie es Ihnen damit geht.

Was würden Sie anderen Betroffenen gerne mitteilen? Verfassen Sie einen Blogeintrag für ein Selbsthilfeforum.

Vielleicht haben Sie von der Fernsehserie »Club der roten Bänder« gehört, in der an Krebs erkrankte Jugendliche gegen ihre Krankheit kämpfen. Welchen Club würden Sie gerne gründen? Und wen würden Sie als Mitglieder haben wollen?

4 Schreibpraxis pur

Obwohl Sie bis hierher schon jede Menge geschrieben haben, soll es nun noch einmal explizit um Ihre Schreibpraxis gehen und darum, wie Sie mit Hilfe des Schreibens einen guten Umgang mit sich und Ihren Beschwerden und Problemen finden können. Weil es beim therapeutischen Schreiben auch um Sinnfindung, Werte, Orientierung und Lebensausrichtung geht, um Würde und Respekt, Wachstum und Veränderung sowie Konstanz und Kohärenz werden wir uns schreibend diesen Bereichen nähern und mittels Fragen vielleicht zu Antworten kommen, die Sie auf Ihrem Weg unterstützen können.

> Auch hier sei noch einmal angemerkt, dass Sie nicht alle Übungen machen müssen, um optimal von dem Buch zu profitieren. Sie dürfen den Text auch einfach durchlesen und auf sich wirken lassen und zu einem späteren Zeitpunkt zu den Übungen zurückkehren. Wenn Sie mögen, können Sie sich Übungen, die Sie ansprechen oder interessieren, mit einem Sternchen markieren, so dass Sie diese später schnell wiederfinden.

4.1 Kleine Inventur

Bevor Sie aufbrechen und sich in eine Richtung bewegen oder Entscheidungen treffen, wie es für Sie weitergehen könnte, ist es wichtig, festzustellen, wo Sie aktuell stehen und woher Sie kommen. Denn dann können Sie Ihren reichen Erfahrungsschatz nutzen, um das, was gut funktioniert hat, in Ihr Repertoire zu übernehmen und das, was Ihnen nicht gutgetan hat, zu lassen. Deswegen sehen wir uns in den Übungen dieses Kapitels an, was in Ihrem Leben bereits passiert ist und an welche Fäden Sie möglicherweise wieder anknüpfen können.

Was ist so gut in Ihrem Leben, das Sie es gerne beibehalten möchten? Notieren Sie so konkret wie möglich, was es ist, und lassen diese Liste ruhig über einen längeren Zeitraum wachsen.

Was waren wichtige Etappen in Ihrem Leben? Und welche Erkenntnisse daraus könnten Ihnen aktuell helfen?

Schreiben Sie über eine Zeit in Ihrem Leben, in der Sie sich einer Herausforderung gestellt und diese bewältigt haben. Was könnte das heute für Sie bedeuten?

Notieren Sie zehn Dinge, die sich in Ihrem Leben seit Ihrer Diagnose verändert haben. Welche davon könnten etwas Gutes haben?

Notieren Sie zehn Stärken, die Sie besitzen und schreiben darüber, wie Ihnen diese aktuell helfen könnten.

Notieren Sie zehn Sachen, die Sie gerne ändern würden. Schreiben Sie zunächst alles auf, was Ihnen einfällt und überlegen erst in einem zweiten Schritt, was davon aktuell in Ihrer Hand liegt. Machen Sie einen Plan, wie Sie die Dinge angehen wollen, die sich verändern lassen, und heben die anderen Punkte auf, um sie vielleicht zu einem späteren Zeitpunkt umsetzen zu können.

4.2 Assoziative Schreibübungen

Manchmal stehen wir uns mit unserem Verstand selbst im Weg. Wir versuchen nüchtern und sachlich zu eruieren, was gerade los ist und was wir brauchen und wünschen und bemühen uns darum, es gegen die Notwendigkeiten abzuwägen. Wir führen eine Art Pro- und Contra-Liste in unserem Kopf und verlieren dabei manchmal unsere Gefühle aus den Augen, die bei allen unseren Entscheidungen und vor allem bei der Umsetzung unserer Pläne allerdings eine große Rolle spielen. Denn wenn Sie innerlich Widerstand gegen etwas verspüren, das Sie rational vielleicht für sinnvoll halten, dürfte es schwierig sein, das umzusetzen, weil immer auch eine starke innere Kraft in Ihnen dagegenhält.

Da unser Verstand ein mächtiges, über die Lebensjahre gut trainiertes Instrument ist, ist es mitunter schwierig, ihn vom dauerhaften Reden und Einmischen abzuhalten, um auch tiefere, eher unbewusste Anteile zur Sprache kommen zu lassen. Deswegen gibt es ein paar Methoden, mit denen wir uns Zugang zu diesen Schichten verschaffen können.

Eine Methode, um Zugang zu tieferen Schichten unseres Selbst und unserer kreativen Kraft zu bekommen, ist das assoziative Schreiben, das auf der freien Assoziation beruht, die Sigmund Freud in seiner Psychoanalyse verwendet hat. Dabei werden Assoziationsketten gebildet. Ein Gedanke führt zum nächsten, ein Wort zum nächsten. Das Ganze muss weder einen Sinn ergeben noch einen nachvollziehbaren Zusammenhang haben. Wichtig ist unsere Spontanität und dass wir versuchen, unseren inneren Zensor dabei bestmöglich auszuschalten.

Eine andere dieser Methoden wird als automatisches Schreiben bezeichnet. Es wurde unter anderem von den Surrealisten, allen voran André Breton (1986), praktiziert.

> Andere Begriffe, die in diesem Zusammenhang immer wieder auftauchen, sind imaginatives und intuitives Schreiben sowie Freewriting (freies Schreiben).

Bei allen diesen Techniken geht es darum, dass der Schreibende seine Gedanken und Gefühle spontan und weitgehend ungehemmt zum Ausdruck bringt. Die Methoden sollen Ihnen dabei helfen, sich in einen möglichst passiven Zustand zu versetzen und unter Ausschaltung Ihres inneren Zensors zu schreiben.

Schreiben Sie genau fünf Minuten lang. Halten Sie nicht inne, lesen nicht nach und korrigieren nicht. Entscheidend ist, dass Sie den Stift über das Papier gleiten lassen, ohne aufzuhören, ohne abzusetzen. Beginnen Sie mit dem ersten Wort, das Ihnen in diesem Augenblick in den Sinn kommt.

Schreiben Sie die Buchstaben Ihres Vor- und Nachnamens untereinander auf ein Blatt Papier. Notieren Sie hinter jedem Buchstaben ein Wort, das Ihnen spontan einfällt. Dann schreiben Sie einen Text, in dem alle diese Worte vorkommen. Die Reihenfolge der Worte spielt keine Rolle, auch können die Worte mehrfach auftauchen. Sie haben fünfzehn Minuten Zeit.

Beginnen Sie Ihre Texte mit einfachen Halbsätzen und lassen sich von diesen weiterleiten, wohin Ihre Assoziationskraft und Phantasie Sie trägt. Sie können immer mit denselben Halbsätzen arbeiten oder andere nehmen. Solche Halbsätze könnten lauten: »Als ich heute Morgen erwachte ...«, »Auf dem Weg nach Hause ...«, »Als ich heute ...«, »Wenn ich in mich hineinlausche ...«

4.3 Imaginative Schreibübungen

Imagination ist die Fähigkeit, Ideen oder Bilder zu entwickeln beziehungsweise zu erinnern, die physisch gar nicht vorhanden sind. Es handelt sich also gewissermaßen um das Vermögen, bei wachem Bewusstsein mittels Phantasie innere, mentale Bilder zu schaffen und wahrzunehmen. Durch das Erleben der mit diesen inneren Bildern gekoppelten Gefühle werden innere Prozesse in Gang gesetzt, durch die vorbewusste Inhalte ins Bewusstsein geholt werden können. Wenn wir uns darauf einlassen, schlüpfen wir gewissermaßen unter die eigene Oberfläche und erfahren Dinge über uns, die uns mit dem Verstand allein wahrscheinlich nicht zugänglich gewesen wären.

> Imaginationsübungen sind in der Lage, Dinge in Unordnung zu bringen und neu zusammenzusetzen.

Imagination vermag es, den Ablauf der Zeit und die Ordnung des Raums zu verkehren und Gewesenes als Zukünftiges zu denken und umgekehrt. Die Arbeit mit unserer Phantasie ermöglicht es uns, die Grenzen unserer realen Welt zu überschreiten, um Neues zu erfahren und wahrzunehmen, was dann wiederum dazu führt, dass wir neue Denkmuster und Handlungsweisen sehen, ausprobieren und möglicherweise etablieren können.

Stellen Sie sich vor, Sie sind wandern und kommen an einen Platz zum Ausruhen. Sie legen Ihr Gepäck ab und setzen sich. Das Gepäck steht neben Ihnen und Ihre Schultern und Ihr Nacken entspannen sich. Prüfen Sie jedes Gepäckstück daraufhin, ob Sie es für Ihre weitere Wanderung noch benötigen. Nehmen Sie nur das mit, was Sie wirklich brauchen und schreiben darüber.

4 Schreibpraxis pur

Stellen Sie sich vor, Sie sitzen an einem Fluss. Es kann ein bekannter oder ein imaginierter Fluss sein, schmal oder breit, mit schnell oder langsam fließendem Wasser. Vom Ufer aus ragen Gräser oder Wurzeln ins Flussbett, in dem Steine oder andere Dinge liegen. Auf dem Wasser treiben Blätter und Holzstücke, am Ufer schweben Schmetterlinge und Insekten. Beobachten Sie, wie das Wasser in jeder Minute in seinem ganz eigenen Rhythmus fließt. Lassen Sie Ihre Gedanken treiben, wie die Blätter auf dem Wasser und fangen an zu schreiben. Lassen Sie den Stift absichtslos über das Papier gleiten und sehen, wo es Sie mit Ihrem Schreiben hintreibt.

Wählen Sie ein Bild oder eine Postkarte, die Sie gerade zur Hand haben. Betrachten Sie das Bild oder die Postkarte eine Zeit lang und notieren, was Ihnen dazu einfällt.

Schließen Sie die Augen und stellen sich eine Farbe vor. Sie sind in einem Raum ganz in dieser Farbe. Boden, Wände, Decke, alles hat Ihre Farbe. Fragen Sie sich, welches Gefühl das in Ihnen auslöst. Ist die Farbe warm oder kalt? Hat sie einen Geruch oder Geschmack? Welche Erinnerungen und Gedanken sind damit verbunden? Bleiben Sie ein paar Atemzüge in dem Raum Ihrer Farbe sitzen. Dann öffnen Sie die Augen und schreiben, was Sie erlebt, gefühlt und gedacht haben.

4.4 Wertvorstellungen und Prioritäten

Werte und Einstellungen spielen eine wichtige Rolle in unserem Leben. Sie können als Fixsterne verstanden werden, die uns helfen, uns auszurichten. Während sich Wünsche und Sehnsüchte im

Verlauf unseres Lebens ändern, sind Werte und Einstellungen weitgehend stabil und werden bereits in unserer Kindheit und Jugend angelegt. Dennoch sind wir in der Lage, uns und damit auch unsere Werte und Einstellungen zu verändern. Das bietet die Chance, unsere Zukunft zu gestalten, ohne ausschließlich in der Vergangenheit verhaftet zu bleiben.

Obwohl grundlegende Werte und damit verbundene moralische Ideen unsere persönlichen Werte mitbestimmen, entbindet uns das nicht von der Pflicht, die eigenen Werte immer wieder zu hinterfragen und zu verwerfen respektive zu ergänzen, sofern wir das für nötig halten. Denn auch wenn Werte ein zentraler Bestandteil sozialer Normen und Handlungen sind und unsere Sozialisation sowie die Kultur, in der wir aufwachsen, bei ihrer Entwicklung eine große Rolle spielen, müssen wir unsere persönlichen Werte lebenslang selbst weiterentwickeln und an unsere jeweilige Lebenssituation anpassen.

Das Problem ist, dass das System unserer Werte nicht immer widerspruchsfrei ist und Werte miteinander kollidieren können, so dass wir gezwungen sind, Prioritäten zu setzen. Weil uns unsere Werte und Einstellungen nicht immer voll bewusst sind, lohnt es sich, dass wir uns diese von Zeit zu Zeit schreibend vergegenwärtigen. Insbesondere dann, wenn unser Leben Umbrüche erfährt.

Es kann sein, dass Krebserkrankungen die Lebenszeit mehr oder weniger stark verkürzen. Obwohl es schwierig ist, sich mit dieser Tatsache auseinanderzusetzen, kann sie zugleich den Anlass bieten, unsere Werte und Prioritäten noch einmal neu zu ordnen und neu zu entscheiden, was uns wichtig ist und was wir mit der uns noch verbleibenden Lebenszeit anfangen möchten.

Eine Aufgabe, der man sich auch in vermeintlich gesundem Zustand öfter aussetzen sollte, um Bewusstheit zu erhalten und Dinge sowie Ereignisse nach ihrer Wichtigkeit zu ordnen. Zumal wir nie wissen, wann wir sterben werden und es nicht unbedingt eine Krebserkrankung sein muss, die unser Leben gefährdet oder vorzeitig beendet.

Was sind Ihre Werte und Prioritäten? Was halten Sie für unverzichtbar, um Glück und Erfüllung im Leben zu finden?

Haben sich Ihre Werte und Prioritäten durch Ihre Diagnose verändert? Beschreiben Sie, was sich auf welche Weise geändert hat.

Sie haben noch vier Wochen zu leben. Was wollen Sie in diesen Wochen machen? Versuchen Sie, sich dabei in Ihren Gedanken möglichst wenig einzuschränken. Schreiben Sie so, als wäre alles möglich, was Sie sich für die vier Wochen wünschen.

Mit welchen Menschen möchten Sie noch zusammentreffen? Was wollen Sie mit diesen unternehmen?

4.5 Umgang mit Angst

Angst ist eine existenzielle Erfahrung und damit ein wichtiger Bestandteil des menschlichen Lebens. Sie dient dazu, Gefahren zu erkennen und abzuwenden. Damit ist sie ein sinnvolles und zweckmäßiges Gefühl, das Menschen in gefährlichen Situationen schützt und verhindert, dass sie zu Schaden kommen.

Dass einen angesichts einer potenziell lebensbedrohlichen Krankheit diverse Ängste überkommen, ist normal. Schon die Diagnose Krebs macht Angst, selbst wenn die Prognose günstig sein sollte. Hinzu kommt die Angst vor belastenden Therapien und Nebenwirkungen sowie die Angst vor Schmerzen und Leid, Hilflosigkeit, Einsamkeit und dem Tod.

Oftmals versuchen Betroffene, die Ängste mit sich selbst auszumachen, um Angehörige nicht zu belasten. Doch dann sind sie mit ihren Ängsten allein, was ebenfalls sehr belastend sein kann. Mehr noch, weil Angst sowohl ein seelisches als auch körperliches Gefühl ist, bei dem verschiedene Botenstoffe freigesetzt werden und der Körper auf ganz spezifische Weise reagiert (z. B. Herzfrequenz und Blutdruck steigen, die Gefäße ziehen sich zusammen). Und weil diese körperlichen Reaktionen auf Angst nicht unbedingt zur Gesundung beitragen, kann es hilfreich sein, diese Gefühle aufs Papier zu bringen, um einen Umgang damit zu finden.

Schreiben Sie das Wort Angst in die Mitte eines Blattes und notieren ungeordnet um das Wort herum, was Ihnen dazu einfällt. Dann sehen Sie sich an, was Sie dort assoziativ notiert haben und schreiben einen Text dazu. Lassen Sie sich von Ihren Gedanken und Gefühlen und dem Stift leiten, wo immer er Sie hinführt. Sie müssen nicht beim Thema Angst bleiben.

Wie geht es Ihnen damit, dass es hinsichtlich der Prognose keine Gewissheiten, sondern nur Wahrscheinlichkeiten gibt? Wie gehen Sie mit dieser Ungewissheit um?

Ein angstbesetztes Thema ist neben unerträglichen Schmerzen die Auseinandersetzung mit dem Tod. Und obwohl man angesichts einer potenziell lebensbedrohlichen Krankheit alle Gedanken an den Tod sicher lieber verdrängen würde, gibt es zugleich einen Impuls, sich damit zu beschäftigen. Einige Menschen verspüren auch den Wunsch, alles zu klären und zu regeln: sowohl das, was im aktuellen Leben ansteht, als auch alles, was den Tod betrifft. Mitunter steckt dahinter das Bedürfnis, den Hinterbliebenen nicht über den Tod hinaus zur Last zu fallen.

Natürlich wird niemand von Ihnen erwarten, dass Sie Ihre eigene Grabrede schreiben. Dennoch kann das Schreiben einer solchen dazu beitragen, dass wir klären, wie wir uns selbst sehen und von anderen gesehen werden wollen, im Leben wie im Tod und wie wir Abschied nehmen wollen. Das kann uns wiederum dabei helfen, alte und aktuelle Beziehungen zu klären, was auch ein wichtiges Bedürfnis sein kann, wenn klar wird, wie begrenzt die Lebenszeit ist.

Schreiben Sie Ihre eigene Trauerrede. Versuchen Sie, sich selbst dabei wie einen guten Freund oder eine gute Freundin zu sehen. Wie wollen Sie im Gedächtnis der Menschen bleiben? Wenn Sie mögen, können Sie sich auch vorstellen, wer die Rede halten würde und aus dessen Perspektive schreiben.

Ob wir wollen oder nicht, machen wir uns alle von Zeit zu Zeit Vorstellungen darüber, was nach unserem Tod sein wird. Und wenn es sich dabei nur um die Vorstellung handelt, dass da nichts ist. Vielleicht erwartet uns tatsächlich ein schwarzes Nichts, vielleicht aber auch ein helles Weiß oder etwas ganz anderes, das weit über unsere Vorstellungskraft hinausreicht. Dennoch machen sich die meisten Menschen von Zeit zu Zeit Vorstellungen darüber, was nach dem Tod sein wird, sogar Kinder. Oder sollte ich sagen: Gerade Kinder machen sich diese Vorstellungen, weil sie den Dingen auf den Grund gehen wollen.

Und selbst wenn unsere Vorstellungen darüber, was uns nach dem Tod erwartet, grauenvoll sein mögen, kann es erleichternd sein, sie aufzuschreiben und mit anderen zu teilen. Oft fragen wir uns auch, was mit von uns geliebten Menschen nach unserem Tod sein wird. Vielleicht machen wir uns Sorgen, dass unser Tod eine große Lücke reißen wird, oder haben im Gegenteil die Idee, dass er eben gerade keine Lücke hinterlassen wird. Und auch das will unter Umständen zum Ausdruck gebracht werden.

Was passiert in Ihrer Vorstellung, wenn Sie tot sind? Was passiert mit Ihnen und was mit den Zurückbleibenden? Welche Gefühle lösen diese Vorstellungen in Ihnen aus? Haben Sie den Wunsch, sich mit jemandem darüber auszutauschen?

4.6 Umgang mit Trauer und Wut

Die Diagnose Krebs löst aber nicht nur Ängste aus, sondern zugleich auch Wut und Verzweiflung. Häufig findet die Wut allerdings keinen Adressaten, da man nicht weiß, auf wen man wütend sein soll. Dennoch ist sie vorhanden und sucht nach einem Ausdruck.

Beginnen Sie einen Text mit den Worten: »Ich bin so scheißwütend ...«

Es gibt da diesen Film: »Das Schicksal ist ein mieser Verräter«, in dem es um die Liebesgeschichte zweier schwer an Krebs erkrankter Jugendlicher geht. Empfinden Sie das Schicksal auch manchmal als miesen Verräter? Schreiben Sie!

Einschränkungen jeder Art und Gefahren, die uns dauerhaft bedrohen und zu denen schwere, lebensbedrohliche Krankheiten wie Krebserkrankungen zählen, können uns zwar wütend machen, aber manchmal geht diese Wut auch in Resignation oder Trauer und Hoffnungslosigkeit über. Mitunter stellen sich aber auch Akzeptanz und Ruhe ein. Und weil sich nie vorhersagen lässt, wie der emotionale Verlauf ist, empfiehlt es sich, folgende Übung in bestimmten Zeitabständen zu wiederholen, um immer besser zu verstehen, wie es Ihnen zum jeweiligen Zeitpunkt auf der Gefühlsebene mit Ihrer Erkrankung geht.

Welche Gefühle ruft Ihre Erkrankung aktuell bei Ihnen hervor? Gibt es eine Art Gefühlsverlauf, seit Sie erkrankt sind oder schwanken die Gefühle immer wieder?

Wenn Sie mögen, beginnen Sie jeden Tag mit einer kurzen Schreibübung, um zu sehen, wie Sie sich gerade fühlen: »Heute fühle ich mich ...«

4.7 Anpassungsleistung

Das ganze Leben besteht aus Veränderungen mit nachfolgender Anpassungsleistung. Doch manchmal gelingt die Anpassung nicht gut oder gar nicht, weil die Veränderungen vielleicht zu früh oder zu plötzlich kommen, so dass man keine Zeit hat, sich darauf einzustellen. Oder die Veränderungen sind unerwünscht und man hadert mit ihnen und will sich weder darauf einlassen noch damit auseinandersetzen, weshalb es zu keiner Anpassung kommt, auch wenn man vordergründig vielleicht sogar bestrebt sein mag, in angemessener Weise darauf zu reagieren.

Da jeder Mensch individuell ist, werden auch Veränderungen auf unterschiedliche Weise angegangen und mit verschiedener Bedeutung aufgeladen. Dabei lässt sich weder allgemein noch abschließend sagen, auf welche Umbrüche wie reagiert wird und wie

4.7 Anpassungsleistung

lange die Anpassungsreaktion dauert. Was als Belastung erlebt wird und wie wir damit umgehen, hängt von zahlreichen Faktoren ab, wie etwa der aktuellen Situation und den zu dem Zeitpunkt zur Verfügung stehenden Bewältigungsmechanismen, der Unterstützung durch das Umfeld und der genetischen Disposition sowie der sozialen Prägung.

Beginnen Sie einen Text mit dem Halbsatz: »Mir würde helfen, wenn ich ...« Schreiben Sie solange der Stift über das Papier gleiten will.

In heftigen Umbruchsphasen, zu denen auch eine Krebserkrankung gehört, ist es häufig so, dass vieles im Leben ins Wanken gerät und auf dem Prüfstand steht. Betroffene berichten zum Beispiel, dass es ihnen buchstäblich den Boden unter den Füßen weggezogen hat. Doch bei allen Veränderungen gibt es in der Regel immer auch einige Dinge, die beständig sind und Struktur sowie Halt bieten. Und zuweilen ist es gut, sich diese Dinge wieder ins Bewusstsein zu rufen.

In einem ersten Schritt notieren Sie alles, was Ihnen jetzt schon Halt und Struktur bietet. Und in einem zweiten Schritt notieren Sie, was Ihnen darüber hinaus noch Halt und Struktur geben könnte und wie Sie diese Art von Halt und Struktur in Ihrer aktuellen Lebenssituation erhalten könnten.

Mitunter sind die Krebsdiagnose und die daraus resultierenden Folgen auch so verwirrend, dass man gar nicht so genau weiß, was man eigentlich bräuchte, um wieder etwas mehr Sicherheit und Stabilität in sein Leben zu bringen.

Beginnen Sie einen Text mit den Worten: »Ich habe keine Ahnung, was mir helfen würde, aber ...«

Hahn, die in der psychologischen Betreuung von Krebspatienten tätig ist, schreibt in ihrem Essay (2022): »Mit der Diagnose einer Krebserkrankung endet für die Betroffenen ihre bis dahin gelebte Realität, es öffnet sich ein Raum voller Unbekannter, der eine Flut von Gefühlen, wie Angst, Schmerz, Einsamkeit und Verzweiflung hinterlässt und zunächst keine Möglichkeit des Entkommens bietet. Für einen undefinierten Zeitraum sind die Patienten gezwungen, sich in diesem Zwischenraum einzurichten und zurechtzufinden.«

Wie sieht Ihr Zwischenraum aus? Was könnte Ihnen helfen, sich in diesem vorübergehend einzurichten und zurechtzufinden?

Auch zum Thema Neuorientierung hat Hahn (2022) passende Worte gefunden: »Gewohnte Strukturen verflüchtigen sich innerhalb kürzester Zeit ohne Ankündigung und konfrontieren das Individuum mit einer neuen, fremden Umgebung. Das ehemalige bekannte Dasein ist aufgelöst, der Ausblick in die Zukunft liegt im Nebel der Ungewissheit verborgen. Die bekannte Realität ist verschwunden und einer vorübergehenden Leere, einem Daseinsvakuum gewichen, das große Verunsicherung hervorruft und Neuorientierung erfordert.«

Doch selbst wenn eine Krebserkrankung mit Einschränkungen einhergeht und man gewohnte und geliebte Dinge und Aktivitäten aufgeben muss, lohnt es sich, immer auch zu sehen, was trotz der Krankheit noch möglich ist.

4.8 Ressourcen und Potentiale

Notieren Sie, was Ihr Leben trotz der Diagnose lebenswert macht. Weil Sie Krebs haben, heißt das nicht, dass Sie nur über Ihre Krankheit schreiben müssen. Führen Sie auch Buch über die guten Dinge in Ihrem Leben. Wenn Sie Ihre täglichen Glücksmomente aufschreiben – ein herrlicher Sonnenaufgang, ein Lächeln von einem Fremden, ein Brief von einem Freund – kann das Ihre Stimmung heben.

Hatten Sie vor Ihrer Diagnose Träume, die Sie sich nicht erfüllen konnten? Notieren Sie, welche das sind. Lassen sich diese oder Teile davon verwirklichen? Wie könnten erste kleine Schritte in Richtung Verwirklichung aussehen?

Hatten Sie vor Ihrer Diagnose Träume, die Sie für verrückt gehalten haben? Was halten Sie heute von diesen Träumen? Wie wollen Sie damit umgehen?

Was haben Sie vor Ihrer Diagnose vor sich hergeschoben? Ist jetzt die richtige Zeit, etwas davon umzusetzen?

4.8 Ressourcen und Potentiale

In zahlreichen therapeutischen Ansätzen und humanistischen Weltanschauungen existiert die Idee, dass jeder Organismus die Fähigkeit in sich trägt, sich selbst zu entfalten und seine Ressourcen zu vergrößern, sofern die Rahmenbedingungen das zulassen. Das dieser Annahme zugrundeliegende Menschenbild basiert auf der Vorstellung, dass sich der Mensch in einem beständigen Veränderungsprozess befindet und sich stets weiterentwickelt. In dem Prozess, der sich in Wechselwirkung zur Umwelt vollzieht, entfaltet eine Person die Fähigkeiten, die sie braucht, um Vertrauen in sich selbst zu gewinnen, offen für Erfahrungen und Veränderung zu sein und Beziehungen zu gestalten.

Entsprechend dieser Theorie bin auch ich davon überzeugt, dass ein Mensch alles zu seinem Wohlbefinden Notwendige bereits in sich trägt und selbst am besten in der Lage ist, seine persönliche Situation zu analysieren sowie Lösungen für seine Probleme zu erarbeiten. Deswegen könnte man unter dem Begriff »Ressourcen« Fähigkeiten verstehen, die es ermöglichen, Dinge zu tun, die dazu beitragen, dass sich das Leben leichter bewältigen lässt.

> Jeder Mensch verfügt über eine Palette von Fähigkeiten, die ihm das Überleben ermöglichen.

Zuweilen ist der Blick auf diese Potentiale jedoch verstellt. Entweder durch hohe Anforderungen oder emotionale Belastungen oder weil das Augenmerk eher auf die Defizite und Schwächen, denn auf die Stärken gelenkt wird. Deswegen ist es gerade in diesen Phasen besonders wichtig, sich seiner Fähigkeiten und Möglichkeiten wieder bewusst zu werden.

Dafür ist es hilfreich, seine Fähigkeiten aufzuschreiben, da man auf diese Weise einen guten Überblick erhält und zudem das Notierte immer wieder zur Hand nehmen, verinnerlichen und ergänzen kann. Fassen Sie den Begriff der »Ressourcen« ruhig weit. Zu unseren Ressourcen gehören zum Beispiel auch solche, die es ermöglichen, ein soziales Netzwerk aufzubauen und aufrechtzuerhalten oder eine Familie zu gründen und in ihr zu leben. Auch um etwas zu bitten und es anzunehmen, stellt eine Fähigkeit dar, über die nicht jeder Mensch in gleicher Weise verfügt, die bei der Lösung von Problemen jedoch ausgesprochen hilfreich sein kann.

In jedem Fall lohnt es sich, sich seine Ressourcen von Zeit zu Zeit anzusehen und daraufhin zu prüfen, ob sie in der aktuellen Situation möglicherweise hilfreich sind und ob sie einem noch zur Verfügung stehen, vielleicht auch in leicht modifizierter Weise. Denn wer einmal Probleme gelöst hat, kann es wieder. Wer einmal problemarme Zeiten hatte, kann diese wiederherstellen.

Notieren Sie in einem ersten Schritt alle Ihre Fähigkeiten. Dann ergänzen Sie die Liste um Fähigkeiten, die Sie einmal hatten und von denen Sie nicht sicher sind, ob sie Ihnen aktuell noch zur Verfügung stehen. Zuletzt notieren Sie, welche Fähigkeiten Sie noch bräuchten, damit es Ihnen gut geht und woher Sie diese beziehen könnten.

Notieren Sie, was Ihnen bisher in Ihrem Leben geholfen hat, mit schwierigen Situationen und Gefühlen umzugehen. Nehmen Sie eine Karteikarte oder einen kleinen Zettel und übertragen alles, was Sie von Ihren Problemlösefähigkeiten aktuell gebrauchen könnten. Tragen Sie die Karte oder den Zettel bei sich und erweitern und verfeinern Sie Ihre Notizen, so dass Sie diese wie eine Art Notfallzettel bei sich tragen können.

Welche Ereignisse haben Sie in der Vergangenheit gestärkt? Verfahren Sie auch in dieser Übung zunächst assoziativ und notieren alles, was Ihnen an stärkenden Augenblicken einfällt. Dann lassen Sie das Geschriebene auf sich wirken, wählen eines der notierten Ereignisse aus und schreiben einen Text dazu. Wie fühlen Sie sich nach dem Schreiben?

In dieser Übung geht es darum, welche Sachen Ihnen leicht fallen oder einmal leicht gefallen sind. Jetzt stehen also nicht ausschließlich die Fähigkeiten im Vordergrund, sondern die Leichtigkeit. Denn auch das ist eine wichtige Ressource, die Sie sich in Zukunft zunutze machen können.

Schreiben Sie über einen guten Freund oder eine gute Freundin. Notieren Sie, seit wann sie sich kennen und wie sie sich kennengelernt haben. Was verbindet sie? Welches Potential bietet diese Freundschaft, sofern sie noch besteht?

4.9 Selbstkonzept und Lebensziele

Die Entwicklung von Perspektiven und Zielen bedeutet eine lebenslange Aufgabe und Herausforderung, da wir unsere Ziele ständig an die aktuelle Situation anpassen müssen, sei es, weil Ereignisse eintreten, die neue Bedingungen schaffen oder sich unsere Vorstellungen und Prioritäten ändern. Insbesondere nach einer Krebsdiagnose ist es oft erforderlich, sein Leben neu zu denken und auszurichten.

Eine Krise bedeutet aber immer auch eine Chance. Die Chance auf einen Zuwachs an innerer Reife. Die Chance, sich auf Stärken zu konzentrieren, Wertvorstellungen zu überprüfen, Perspektiven zu entwickeln und die Lebensziele anhand einer möglicherweise neuen Lebensphilosophie und einer veränderten Priorisierung und Positionierung anzupassen. Dabei ist es wichtig, seine Lebensziele so konkret wie möglich zu kennen und zu formulieren und sich so nah wie möglich an den eigenen Bedürfnissen, Wünschen und Möglichkeiten zu orientieren.

Bereits die Formulierung und Imagination von Zielen kann einen positiven Einfluss haben und zu einem gesteigerten Wohlbefinden beitragen. Entscheidend dafür sind, neben der Motivation und der konkreten Vorstellung und Formulierung der Ziele, die eigenen Einflussmöglichkeiten auf Zielsetzung und Prozess sowie das konsequente Verfolgen der Ziele (Latham, 2001). Das bedeutet, dass Sie sich Ziele setzen sollten, die Ihren aktuellen Möglichkeiten entsprechen, statt ganz auf Ziele zu verzichten, weil Ihre Möglichkeiten eingeschränkt sind.

Untersuchungen haben gezeigt, dass Menschen, die sich die Bewältigung von Aufgaben im Voraus gut vorstellen können, später bei der Bewältigung dieser Aufgaben besser abschneiden (Pham & Taylor, 1999). Aufgrund solcher Ergebnisse erscheint es plausibel, dass Schreiben helfen kann, Erfahrungen auf eine Weise zugänglich zu machen, die es ermöglicht, Visionen und Ziele sowohl in der Gegenwart als auch für die Zukunft zu identifizieren und zu beschreiben, um sie in einem zweiten Schritt umzusetzen.

Die Herstellung einer Verbindung zwischen Erlebtem und Zielen kann überdies den Umgang mit schwierigen Gefühlen und die Integration schwieriger Erlebnisse in die Lebensgeschichte erleichtern. Die Herstellung von Sinnzusammenhängen und die Klärung von Absichten können als Gegengewicht zu Gefühlen von Unsicherheit, Verzweiflung und Hoffnungslosigkeit fungieren. Gelingt es, die Gegebenheiten der Gegenwart in Zusammenhang mit der Zukunft zu bringen, führt das zu einer realistischen Einschätzung der Umsetzbarkeit seiner Ziele, was wiederum zu einer positiven Erwartungshaltung und einer Aktivierung auf der Handlungsebene beiträgt (Oettingen & Kollegen, 2001).

Harrist und Kollegen (2007) haben herausgefunden, dass das Schreiben über Lebensziele zu einer verbesserten Gesundheit führt. Und auch wenn sich seine Untersuchung auf Menschen ohne schwere Krankheiten bezieht und Sie aktuell vielleicht nicht wissen, wie es weitergeht und vieles davon nicht in Ihrer Hand liegt, dürfen Sie sich dennoch vorstellen, wie es weitergehen *könnte*. Setzen Sie sich trotz aller Ungewissheiten Ziele und nehmen sich Aktivitäten vor, die trotz Ihrer Einschränkungen im Bereich des Möglichen liegen oder in der Zukunft wieder möglich sein könnten.

4 Schreibpraxis pur

Welche Ziele hatten Sie früher? Welche davon bestehen heute noch? Wo können Sie anknüpfen und wo gilt es, neue Visionen und Ideen zu entwickeln?

Welchen Dingen möchten Sie in Ihrem Leben in Zukunft gerne mehr Priorität einräumen? Wie wollen Sie das machen?

Was könnten zehn Ziele von Ihnen sein? Notieren Sie diese in Stichpunkten, schnell und ohne nachzudenken. Bringen Sie die Ziele in einem zweiten Schritt in eine Reihenfolge. Überlegen Sie, ob die spontan benannten Ziele mit denen übereinstimmen, die Sie mit etwas Nachdenken notieren würden.

4.10 Die Bucket-Liste

Bei der *Bucket-Liste* handelt es sich um eine Wunschliste der besonderen Art. Der Begriff leitet sich von der englischen Redewendung »to kick the bucket« ab, ein umgangssprachlicher Begriff für das Sterben, das sich vermutlich auf das Bild einer Person bezieht, die sich erhängt oder erhängt wird. Der Begriff geht wahrscheinlich aufs 18. Jahrhundert zurück und hat sich zu Beginn der 2000er Jahre in dem Sinn etabliert, in dem er heute verwendet wird, nämlich als besondere Wunsch- oder Zielliste.

Im Deutschen gibt es eine vergleichbare Phrase, die lautet: »den Löffel abgeben«, weswegen die Liste im Deutschen manchmal als *Löffelliste* bezeichnet wird, wobei Bucket-Liste ebenso bekannt und gebräuchlich sind. Heute steht die Liste allerdings nicht mehr so sehr mit dem baldigen Tod in Zusammenhang, sondern soll vielmehr als eine Art Ansporn verstanden werden und als Mittel, sich seiner eigenen Ziele bewusst zu werden.

Ein anderer Begriff, der auch in diesem Zusammenhang verwendet wird, ist *YOLO*. Es ist die umgangssprachliche Abkürzung für »you only live once« (du lebst nur einmal), die verdeutlicht, dass man sich mit seinen Zielen, Wünschen und Prioritäten nicht nur auseinandersetzen sollte, wenn man krank ist oder das Lebensende naht, sondern sich vielmehr in mehr oder weniger regelmäßigen Zeitabständen damit beschäftigten sollte, was man wirklich braucht und will, immer in dem Bewusstsein, dass das Leben für jeden von uns jeden Tag zu Ende sein kann, ganz unabhängig von möglichen schweren Krankheiten.

Erstellen Sie eine Bucket-Liste: Was wollen Sie alles noch erleben, bevor Sie sterben?

Gibt es etwas, das Sie aktuell anstreben bzw. erreichen wollen? Wie könnte ein erster, kleiner Schritt aussehen, um es umzusetzen?

Welches sind Ihre aktuellen Vorhaben? Können Sie für jedes Vorhaben folgenden Satz beenden: »Heute werde ich für mein Ziel ...«

Extra: Übungen für Angehörige und Freunde

Gerade angesichts einer lebensbedrohlichen Erkrankung kann es manchmal schwierig sein, über Themen wie Krankheit, Leiden und Tod sowie die daraus folgenden Konsequenzen miteinander ins Gespräch zu kommen. Zumal Krankheiten, die über längere Zeit bestehen und mit Einschränkungen im Alltag einhergehen und die Möglichkeiten der sozialen Teilhabe vermindern, manchmal auch zur sozialen Isolation führen. Studien lassen die Vermutung zu, dass das Schreiben über belastende oder emotionale Themen zur Selbstöffnung und Ausdrucksfähigkeit beiträgt, was die Kommunikationsfähigkeit wieder fördert, was sich wiederum positiv auf Beziehungen und Sozialverhalten auswirkt (Gordon & Kollegen, 2004; Slatcher & Pennebaker, 2006).

Aber nicht nur für Sie, sondern auch für Ihre Freunde und Angehörige sowie pflegende Personen kann es hilfreich sein, Dinge und Themen schriftlich zum Ausdruck zu bringen. Wenn Sie Ihren Angehörigen oder Freunden ebenfalls Schreibübungen an die Hand geben möchten, können Sie ihnen die folgenden Übungen ans Herz legen. Ihre Freunde und Angehörigen entscheiden dabei natürlich, wie Sie auch, immer selbst, ob und was sie davon in den Austausch bringen wollen oder ob sie nur für sich selbst schreiben möchten.

Worüber machen Sie sich Sorgen? Was ängstigt Sie? Sowohl in Hinblick auf die Krankheit des geliebten Menschen als auch in anderen Belangen?

Wie geht es Ihnen mit der Krebserkrankung des geliebten Menschen? Was würden Sie diesem geliebten Menschen gerne mitteilen?

Was würden Sie mit dem geliebten, erkrankten Menschen gerne (noch) einmal machen?

Was könnte Ihnen helfen, einen Umgang mit der Krankheit des geliebten Menschen und der daraus entstehenden Situation zu finden?

Schreiben Sie einen Text mit dem folgenden Satzanfang: »Mein Lieblingsmensch befindet sich im Kampf seines Lebens. Ich fühle mich ...«

4.10 Die Bucket-Liste

Wenn Sie mögen, schreiben Sie zu folgender Einleitung einen Text: »Mein geliebter Mensch. Ich würde dir so gerne das Leben ein wenig erleichtern. Obwohl ich mich oft auch hilflos fühle, möchte ich dir folgende Vorschläge machen: ...« Listen Sie als Freund oder Angehöriger an dieser Stelle einfach auf, was Ihnen in den Sinn kommt. Denken Sie daran, dass die Liste zunächst nur für Sie bestimmt ist. Sie haben ausreichend Zeit, zu entscheiden, was davon Sie ins Gespräch springen wollen. Vielleicht dient diese Liste auch ausschließlich Ihnen selbst, um sich Klarheit zu verschaffen.

5 Nachwort

Was ich mir an dieser Stelle am meisten wünsche: Dass Sie ins Schreiben gekommen sind und es als Kraftquelle erlebt haben. Dass Sie Ihre Kreativität wiederentdeckt haben und sich trotz aller Widrigkeiten und des Leidens, die eine Krebserkrankung mit sich bringt, sich wieder auf den Weg in ein lebenswertes Leben machen, wie lange auch immer dieses andauern mag.

Vielleicht haben Sie festgestellt, dass vieles leichter zu ertragen ist, wenn man es sich buchstäblich von der Seele schreibt und man im Schreiben einen zuverlässigen Begleiter findet, der einem jederzeit und überall kostenfrei zur Verfügung steht.

Ich würde mich sehr freuen, wenn Sie das Schreiben als festen Bestandteil in Ihr Leben integrieren würden, um sich selbst zu begleiten und zu reflektieren und Ihre kreative Quelle am Sprudeln zu halten. Ich wünsche mir und Ihnen, dass Sie einen guten Umgang mit Ihrer Krankheit und vor allem mit sich selbst finden und sich mit Ihren Beschwerden und den Widrigkeiten des Lebens aussöhnen.

Sollten Sie das Bedürfnis haben, mir zu schreiben, können Sie das gerne machen. Meine Kontaktdaten finden Sie auf meiner Webseite www.silke-heimes.de oder Sie schreiben mir direkt unter: info@silke-heimes.de.

Ich danke Ihnen für die gemeinsame Reise und wünsche Ihnen alles Gute.

6 Anlaufstellen und Internetadressen

Hier finden Sie sowohl Internetadressen und Anlaufstellen in Bezug auf Ihre Krebserkrankung als auch für die mit Ihrer Krankheit einhergehenden Schmerzen und Probleme sowie Adressen bei gleichzeitig auftretenden oder vorbestehenden Depressionen und für Krisenfälle.

6.1 Anlaufstellen und Internetadressen zum Thema Krebs

- www.krebsgesellschaft.de
  Die Mitglieder sind in der Erforschung und Behandlung von Krebserkrankungen tätig. Darunter befinden sich Ärzte und Ärztinnen aller medizinischen Fachgruppen, Grundlagenforscher, Medizinisch-Technische Assistenten und Assistentinnen, Pflegekräfte, Psychologinnen und Pychologen sowie viele weitere Berufsgruppen, die am Thema Krebs arbeiten.
- www.krebshilfe.de
  Hier finden sich aktuelle Zahlen und Fakten rund ums Thema Krebs.
- www.dkfz.de
  Deutsches Krebsforschungszentrum mit aktuellen Informationen rund ums Thema Krebs.
- www.krebsinformationsdienst.de
  Unterseite des deutschen Krebsforschungszentrums mit gut strukturierten Patienteninformationen zu zahlreichen Krebsarten.

6.2 Anlaufstellen und Internetadressen zum Thema Schmerz

- www.schmerzgesellschaft.de
  Wissenschaftlich-medizinische, interprofessionelle, interdisziplinäre Fachgesellschaft, die rund um das Thema Schmerz informiert sowie eine Fachzeitschrift publiziert.
- https://schmerzliga.de
  Die Deutsche Schmerzliga hat es sich zum Ziel gesetzt, die Lebensqualität von Menschen mit chronischen Schmerzen zu verbessern.
- www.anaesthesisten-im-netz.de/schmerzmedizin/was-ist-schmerz
  Anästhesisten, die Informationen zum Thema Schmerz und Schmerztherapie bieten.
- www.dgschmerzmedizin.de
  Die Deutsche Gesellschaft für Schmerzmedizin bietet u. a. eine Übersicht über regionale Schmerzzentren in Deutschland. (Mit dem Suchbegriff ›Schmerzzentren‹ und der Angabe einer Stadt oder Region finden Sie ebenfalls Schmerzzentren in Ihrer Nähe.)

6.3 Anlaufstellen und Internetadressen zum Thema Depressionen

- www.deutsche-depressionshilfe.de/start
  Die Stiftung Deutsche Depressionshilfe arbeitet daran, die Versorgung von depressiv Erkrankten zu verbessern. Sie klären über Depressionen auf und erforschen die Krankheit sowie die Versorgungsmöglichkeiten.

- www.dgpt.de
  Die Deutsche Gesellschaft für Psychoanalyse, Psychotherapie, Psychosomatik und Tiefenpsychologie e. V. (DGPT) stellt Adressen tiefenpsychologisch ausgerichteter Psychotherapeuten zur Verfügung.
- www.dgkjp.de
  Auf den Seiten der Deutschen Gesellschaft für Kinder- und Jugendpsychiatrie, Psychosomatik und Psychotherapie e. V. (DGKJP) finden sich Ansprechpartner für Eltern von betroffenen Kindern.

6.4 Anlaufstellen und Internetadressen in Krisen

- www.deutsche-depressionshilfe.de/depression-infos-und-hilfe/wo-finde-ich-hilfe/krisendienste-und-beratungsstellen
  Auf dieser Seite stellt die Deutsche Depressionshilfe eine Internetsuchfunktion zur Verfügung, die es Ihnen ermöglicht, Krisen- und Beratungsdienste vor Ort zu finden.
- www.telefonseelsorge.de
  Die Telefonseelsorge ist 24 h erreichbar. Sie berät anonym und kostenfrei unter den bundesweit gültigen Nummern 0800 1110111 und 0800 1110222 sowie per E-Mail und im Chat.
- www.nummergegenkummer.de
  Unter dieser Adresse findet man das Kinder- und Jugendtelefon für Probleme und Krisen. Es ist unter der bundesweiten Nummer 116111 erreichbar. Dort gibt es auch ein Elterntelefon: 0800 1110550.
- www.krisenchat.de
  Hier stehen Menschen mit akademischem Hintergrund in Psychologie oder Sozialpädagogik im Chat zur Verfügung. Das Angebot richtet sich vor allem an jüngere Menschen (unter 25 Jahren).

6 Anlaufstellen und Internetadressen

- www.krisendienste.bayern, www.krisendienst-frankfurt.de, www.berliner-krisendienst.de etc.
Viele Bundesländer und Städte haben eigene Krisendienste, die man über die gängigen Suchmaschinen findet.
- www.116117.de
Sie können auch jederzeit Kontakt mit dem ärztlichen psychiatrischen Bereitschaftsdienst aufnehmen. Die bundesweite Nummer ist diejenige, die Sie auch bei körperlichen Beschwerden wählen können: 116117.

Literatur

Aldridge, D., Gruber, H., Kunzmann, B. & Weis, J. (2002). Eine Zusammenstellung von Studien/Veröffentlichungen über Künstlerische Therapien in der Akutmedizin und Onkologie, Witten.

Antonovsky, A. (1997). Salutogenese. Zur Entmystifizierung der Gesundheit. Deutsche erweiterte Herausgabe von Alexa Franke. Tübingen: dgvt.

Baikie, KA. & Wilhelm, K. (2005). Emotional and physical health benefits of expressive writing. Advances in Psychiatric Treatment 11, 338-346.

Bandura, A. (1997). Self-efficacy: The exercise of control. New York: Freeman.

Breton, A. (1986). Erstes Manifest des Surrealismus. In: Breton, A., Die Manifeste des Surrealismus, 9–43. Reinbek: Rowohlt.

Brewin, CR. & Power, MJ. (1999). Integrating psychological therapies: Processes of meaning transformation. British Journal of Mecidal Psychology, 72, 143-157.

Brewin, CR. & Beaton, A. (2002). Thought suppression, intelligence, and working memory capacity. Behaviour Research and Therapy 40:923–930.

Bruera, E., Willey, J., Cohen, M. & Palmer, JL. (2008). Expressive writing in patients receiving palliative care: a feasibility study. Journal of Palliativ Medicine 11, 1, 15-19.

Cantor, J. & Engle, RW. (1993). Working memory capacity as long-term memory activation: An individual differences approach. Journal of Experimental Psychology: Learning, Memory, and Cognition 19, 1110–1114.

Catanzaro, SJ. & Greenwood, G. (1994). Expectancies for negative mood regulation, coping, and dysphoria among college students. Journal of Counseling Psychology, 41, 34–44.

Catanzaro, SJ., Wasch, HH., Kirsch, I. & Mearns, J. (2000). Coping related expectancies and dispositions as prospective predictors of coping responses and symptoms. Journal of Personality, 68, 757-788.

Carmack, CL., Basen-Enquist, K., Yuan, Y., Greisinger, A., Rodriguez-Bigas, M., Wolff, RA., Barker, T., Baum, G. & Pennebaker, JW. (2011). Feasibility of an expressive-disclosure group intervention for post-treatment colorectal cancer patients: Results of the Healthy Expressions study. Cancer, 117, 21, 4993-5002.

Chan, CMH., Ng, CG., Taib, NA., Wee, LH., Krupat, E. & Meyer, F. (2018) Course and Predictors of Post-Traumatic Stress Disorder in a Cohort of Psychologically Distressed Patients With Cancer: A 4-Year Follow-Up Study, Cancer, 406-416.

Literatur

Creswell, JD., Lam, S., Stanton, AL., Taylor, SE., Bower, JE. & Sherman, DK. (2007). Does self-affirmation, cognitive processing, or discovery of meaning explain cancer-related health benefits of expressive writing? Personality and Social Psychology Bulletin, 33, 238-250.

Davidson, RJ., Kabat-Zinn, J., Schumacher, J., Rosenkranz, M., Müller, D., Santorelli, S., Urbanowski, F., Harrington, A., Bonus, K. & Sheridan, JF. (2003). Alterations in brain and immune function produced by mindfulness meditation. Psychosomatic Medicine, 65, 564–570.

DeGraaf, R., Bijl, RV., Ravelli, A., Smit, F. & Vollebergh, VAM. (2002). Predictors of first incidence of DSM-III-R psychiatric disorders in the general population: findings from the Netherlands Mental Health Survey and Incidence Study. Acta Psychiatrica Scandinavica, 106, 4, 303–313.

de Moor, JS., Moyé, L., Low, MD., Rivera, E., Singletary, SE., Fouladi, RT. & Cohen, L. (2008). Expressive writing as a presurgical stress management intervention for breast cancer patients. Journal of the Society for Integrative Oncology, 6, 2, 59-66.

de Moor, C., Sterner, J., Hall, M., Warneke, C., Gilani, Z., Amato, R. & Cohen, L. (2002). A pilot study of the effects of expressive writing on psychological and behavioral adjustment in patients enrolled in a Phase II trial of vaccine therapy for metastatic renal cell carcinoma. Health Psychology, 21, 615–619.

Deutsche Krebshilfe URL: https://www.krebshilfe.de/informieren/ueber-krebs/krebsschmerzen/, abgerufen am 24.11.2022

Deutsches Krebsforschungszentrum URL: https://www.dkfz.de/de/presse/pressemitteilungen/2018/dkfz-pm-18-48-Vermeidbare-Risikofaktoren-verursachen-37-Prozent-aller-Krebsfaelle.php, abgerufen am 6.6.2023

Deutsche Schmerzgesellschaft e. V. URL: https://www.schmerzgesellschaft.de/topnavi/patienteninformationen/schmerzerkrankungen/tumorschmerzen, abgerufen am 24.11.2022

Dreifuss-Kattan, E. (1990). Cancer stories, Creativity and self-repair.Hillsdale: Analytic Press.

Ellis, A. (1973). Humanistic Psychotherapy. The rational-emotive approach. New York: McGraw-Hill.

Ellis, A. (1993). Grundlagen der Rational-Emotiven Verhaltenstherapie. München: Pfeiffer.

Ferris, B., Warren, WC. & Stein, Y. (2002). Care beyond cancer: The culture of creativity, Illness, Crisis & Loss, 10, 1, 42-50. US: Sage Publications.

Finkenauer, C. & Rimé, B. (1998). Socially shared emotional experiences vs. emotional experiences kept secret: Differential characteristics and consequences. Journal of Social and Clinical Psychology, 17, 295–318.

Francis, ME. & Pennebaker, JW. (1992). Putting stress into words: The impact of writing on physiological, absentee, and self-reported emotional well-being measures. Stress Management, 6, 280–287.

Frankl, VE. (1973). Der Mensch auf der Suche nach dem Sinn. Freiburg: Herder.

Frattaroli J (2006) Experimental disclosure and its moderators: A meta-analysis. Psychological Bulletin, 132, 823–865.

Gellaitry G, Peters K, Bloomfield D, Horne R (2010) Narrowing the gap: The effects of an expressive writing intervention on perceptions of actual and ideal emotional support in women who have completed treatment for early stage breast cancer. Psychooncology, 19, 1, 77-84.

Gendlin, ET. (1998). Focusing. Technik der Selbsthilfe bei der Lösung persönlicher Probleme. Reinbek: Rowohlt.

Gordon, KC., Baucom, DH. & Snyder, DK. (2004). An integrative intervention for promoting recovery from extramarital affairs. Journal of Marital and Family Therapy, 30, 213–231.

Greenberg, MA., Wortman, CB. & Stone, AA. (1996). Emotional expression and physical heath. Revising traumatic memories or fostering self-regulation? Journal of Personal Social Psychology, 71, 588–602.

Gruber, H., Frieling, E. & Weis, J. (2002). Kunsttherapie: Entwicklung und Evaluierung eines Beobachtungsinstruments zur systematischen Analyse von Patientenbildern aus der Onkologie und der Rheumatologie. Forschende Komplementärmedizin und Klassische Naturheilkunde, 9, 3, 138-146.

Hahn, K (2022) Gefangen im Zwischenraum: Das Phänomen der Liminalität, unveröffentlicht.

Han, JY., Shaw, BR., Hawkins, RP., Pingree, S., McTavish, F. & Gustafson, DH. (2008). Expressing positive emotions within online support groups by women with breast cancer. Journal of Health Psychology, 13, 8, 1002-7.

Harrist, S., Carlozzi, BL., McGovern, AR. & Harrist, AW. (2007). Benefits of expressive writing and expressive talking about life goals. Journal of Research in Personality, 41, 4, 923–930.

Hayes, SC., Strosahl, KD. & Wilson, KG. (1999). Acceptance and commitment therapy: An experiential approach to behavior change. New York: Guilford.

Heimes, S. (2008). Kreatives und therapeutisches Schreiben. Ein Arbeitsbuch. Göttingen: Vandenhoeck & Ruprecht.

Heimes, S. (2012). Warum Schreiben hilft. Die Wirksamkeitsnachweise zur Poesietherapie. Göttingen: Vandenhoeck & Ruprecht.

Heimes, S. (2015). Schreib dich gesund. Übungen für verschiedene Krankheitsbilder. Göttingen: Vandenhoeck & Ruprecht.

Helgeson, VS. & Cohen, S. (1996). Social support and adjustment to cancer: Reconciling descriptive, correlational, and intervention research. Health and Psychology, 15, 135–148.

Helgeson, VS., Cohen, S., Schulz, R. & Yasko, J. (1999). Effects of education and peer discussion group interventions on 6-month adjustment to stage I and II breast cancer. Archives of General Psychiatry, 56, 340–347.

Henn, W. & Gruber, H. (2004). Kunsttherapie in der Onkologie. Grundlagen, Forschungsprojekte, Praxisbericht, Verlag Claus Richter, Köln.

Henry, EA., Schlegel, RJ., Talley, AE., Molix, LA. & Bettencourt, BA. (2010). The feasibility and effectiveness of ES for rural and urban breast cancer survivors. Oncology Nursing Forum, 37, 6, 749-57.

Hockemeyer, JR., Smyth, JM., Anderson, CF. & Stone, A. (1999). Is it safe to write? Evaluating the short-term distress produced by writing about emotionally traumatic experiences. Psychosomatic Medicine, 61, 99.

Kabat-Zinn, J. (2003). Mindfulness-Based Stress Reduction (MBSR) Constructivism in the Human Sciences, 8(2), 73-107.

Kallay, E. & Baban, A. (2008). Emotional benefits of expressive writing in a sample of Romanian female cancer patients. Cognition, Brain, and Behavior, 12, 1, 115-129.

Kirschbaum, C. & Hellhammer, DH. (Hrsg) (1999). Enzyklopädie der Psychologie. Psychoendokrinologie und Psychoimmunologie. Göttingen: Hogrefe.

Koole SL (2009) The psychology of emotion regulation: An integrative review. Cognition and Emotion, 23, 1, 4–41.

Kübler-Ross, E. (1969). On Death and Dying. What the dying have to teach doctors, nurses, clergy, and their own families (1969) New York: The Macmillan and Company.

Kurtz, R. (1994). HAKOMI. Eine körperorientierte Psychotherapie. München: Kösel.

Lammers CH (2008) Emotionsbezogene Psychotherapie. Stuttgart: Schattauer.

Langens, TA. & Schüler, J. (2005). Written emotional expression and emotional well-being: The moderating role of fear of rejection. Personality and Social Psychology Bulletin, 31, 818-830.

Langens, TA. & Schüler, J. (2007). Effects of written emotional expression: The role of positive expectancies. Health Psychology, 26, 174–182.

Latham, GP. (2001). The reciprocal effects of science and practice, insights from the practice and science of goal setting. Canadian Psychology, 42, 1, 1–11.

Leitlinienprogramm Onkologie (Deutsche Krebsgesellschaft, Deutsche Krebshilfe, AWMF): Psychoonkologische Diagnostik, Beratung und Behandlung von erwachsenen Krebspatienten, Kurzversion 1.1, 2014, https://www.leit linienprogramm-onkologie.de/Leitlinien.7.0.html

Lepore, SJ. (2001). A social-cognitive processing model of emotional adjustment to cancer. In: Baum A, Andersen BA (Hrsg.) Psychosocial interventions for cancer. Washington: American Psychological Association, 99-108.

Lepore, SJ. & Greenberg, MA. (2002). Mending broken hearts: Effects of expressive writing on mood, cognitive processing, social adjustment and health following a relationship breakup. Psychology and Health 17, 547–560.

Lieberman, MA. & Goldstein, BA. (2006). Not all negative emotions are equal: the role of emotional expression in online support groups for women with breast cancer. Psychooncology, 15, 2, 160-8.

Linehan, MM. (1996). Trainingsmanual zur Dialektisch-Behavioralen Therapie der Borderline Persönlichkeitsstörung. München: CIP-Medien.

Low, CA., Stanton, AL. & Danoff-Burg, S. (2006). Expressive disclosure and benefit finding among breast cancer patients: Mechanisms for positive health effects. Health Psychology, 25, 2, 181-189.

Low, CA., Stanton, AL., Bower, JE. & Gyllenhammer, L. (2010). A randomized controlled trial of emotionally expressive writing for women with metastatic breast cancer. Health Psychology, 29, 460-466.

Lu, Q., Gallagher, WH., Loh, A. & Young, L. (2018). Expressive Writing Intervention Improves Quality of Life Among Chinese-American Breast Cancer Survivors: A Randomized Controlled Trial. Annals of Behavioral Medicine, 52, 11, 952–962.

Maercker, A. & Langner, R. (2001). Persönliche Reifung durch Belastung und Traumata: Validierung zweier deutschsprachiger Fragebogenversionen. Diagnostica, 47, 153–162.

Maercker, A. (2003) Impact of Event Scale – revidierte Form (IES-R). In: Hoyer, J., Margraf, J. (Hrsg.) Angstdiagnostik – Grundlagen und Testverfahren. Heidelberg: Springer, 392–395.

Morgan, NP., Graves, KD., Poggi, EA. & Cheson, BD. (2008). Implementing an expressive writing study in a cancer clinic. Oncology, 13, 2, 196-204.

Mosher, CE., Duhamel, KN., Lam, J., Dickler, M., Li, Y., Massie, MJ. & Norton, L. (2012). Randomised trial of expressive writing for distressed metastatic breast cancer patients. Psychology and Health, 27,1, 88-100.

Niederhoffer, KG. & Pennebaker, JW. (2002). Sharing one's story: On the benefits of writing or talking about emotional experience. In: Snyder, CR., Lopez, SJ. (Hrsg.) Handbook of positive psychology. New York: Oxford University, 573-583.

Oettingen, G., Pak, H. & Schnetter, K. (2001). Self-regulation of goal setting: Turning free fantasies about the future into binding goals. Journal of Personality and Social Psychology, 80, 5, 736–753.

Owen, JE., Giese-Davis, J., Cordova, M., Kronenwetter, C., Golant, M. & Spiegel, D. (2006). Self-report and linguistic indicators of emotional expression in narratives as predictors of adjustment to cancer. Journal of Behavioural Medicine, 29, 4, 335-45.

Pennebaker, JW. & Beall, SK. (1986). Confronting a traumatic event: Toward an understanding of inhibition and disease. Journal of Abnormal Psychology, 95, 3, 274–281.

Pennebaker, JW. & Susman, JR. (1988). Disclosure of traumas and psychosomatic processes. Social Science & Medicine, 26, 327-332.

Pennebaker, JW. (Hrsg.) (1995). Emotion, disclosure, and health. Washington: American Psychological Association.

Pennebaker, JW. (1997). Writing about emotional experiences as a therapeutic process. Psychological Science, 8, 162–166.

Pennebaker, JW. & Seagal, JD. (1999). Forming a story: The health benefits of narrative. Journal of Clinical Psychology, 55, 1243–1254.

Pennebaker, JW. & Chung, CK. (2007). Expressive writing, emotional upheavels, and health. In: Friedman, HS. (Hrsg.) Handbook of Health Psychology. New York: Oxford University Press.

Pham, LB. & Taylor, SE. (1999). From thought to action: Effects of process- versus outcome-based mental simulations on performance. Personality and Social Psychology Bulletin, 25, 2, 250–260.

Psota, G. (2014) URL: https://www.psychiater-im-netz.org, veröffentlicht am 9.9.2014, abgerufen am 1.12.2022.

Pyter, LM., Pineros, V., Galang, JA. & Pendergast, BJ. (2009) Peripheral tumors induce depressive-like behaviors and cytokine production and alter hypothalamic-pituitary-adrenal axis regulation. Proceedings of the National Academy of Sciences, 106, 22, 9069-9074.

Radcliffe, AM., Stevenson, JK., Lumley, MA., D'Souza, P. & Kraft, C. (2010). Does written emotional disclosure about stress improve college students' academic performance? Results from three randomized, controlled studies. Journal of College Student Retention, 12, 4, 407–428.

Redd WH (1995) Behavioral research in cancer as a model for health psychology. Health Psychology, 14, 99–100.

Robert Koch Institut (a), Zentrum für Krebsregisterdaten, URL: https://www.krebsdaten.de/Krebs/DE/Content/Publikationen/Kurzbeitraege/Archiv2021/2021_6_Todesursachenstatistik_krebssterblichkeit.html, aktualisiert am 29.11.21, abgerufen am 21.5.2022.

Robert Koch Institut (b), Zentrum für Krebsregisterdaten, URL: https://www.krebsdaten.de/Krebs/DE/Content/Krebsarten/Krebs_gesamt/krebs_gesamt_node.html, aktualisiert am 29.11.21, abgerufen am 21.5.2022.

Rosenberg, HJ., Rosenberg, SD., Ernstoff, MS., Wolford, GL., Amdur, RJ., Elshamy, MR., Bauer-Wu, SM., Ahles, TA. & Pennebaker, JW. (2002). Expressive disclosure and health outcomes in a prostate cancer population. Internal Journal of Psychiatric Medicine, 32, 37–53.

Sachsse, U. (Hrsg) (2004). Traumazentrierte Psychotherapie. Stuttgart: Schattauer.

Samoilov, A. & Goldfried, MR. (2000). Role of emotion in cognitive-behavioral therapy. Clin Psychol: Science and Practice 7, 373–402.

Schulte-Steinicke, B. (2005). Kreatives Schreiben und Perinatale Psychologie: Aufspüren früher Bilder und Einsatzmöglichkeiten. Heidelberg: XVI. Internationaler Kongress der ISPPM.

Schwarz, R. & Götze H. (2008). Psychoonkologie. Psychotherapeut, 53, 3), 221-235.

Segal, DL., Chatman, C., Bogaards, JA. & Becker, LA. (2001). One-year follow-up of an emotional expression intervention for bereaved older adults. Journal of Mental Health and Aging, 7, 4, 465–472.

Shaw, BR., Hawkins, R., McTavish, F., Pingree, S. & Gustafson, DH. (2006). Effects of insightful disclosure within computer mediated support groups on women with breast cancer. Health Communication, 19, 2, 133-42.

Slatcher, RB. & Pennebaker, JW. (2006). How do I love thee? Let me count the Words. The social effects of expressive writing. Psychological Science 17, 8, 660–664.

Sloan, DM., Marx, BP. & Epstein, EM. (2005). Further examination of the exposure model underlying the efficacy of written emotional disclosure. Journal of Consulting and Clinical Psychology, 73, 549-554.

Smyth, J. (1998). Written emotional expression: Effect sizes, outcome types and moderating variables. Journal of Consulting and Clinical Psychology, 66, 174–184.

Sohl, S., Dietrich, MS., Wallston, KA. & Ridner, SH. (2017). A Randomized Controlled Trial of Expressive Writing in Breast Cancer Survivors with Lymphedema. Psychological Health, 32, 7, 826–842.

Stanton, AL., Danoff-Burg, S., Sworowski, LA., Collins, CA., Branstetter, AD., Rodriguez-Hanley, A., Kirk, SB. & Austenfeld, JL. (2002). Randomized, controlled trial of written emotional expression and benefit finding in breast cancer patients. Journal of Clinical Oncology, 20, 20, 4160-4168.

Statistisches Bundesamt 4.11.2021, URL: https://www.destatis.de/DE/Presse/Pressemitteilungen/2021/11/PD21_505_23211.html, abgerufen am 21.5.2022.

Teasdale, JD. (1999). Emotional processing, three modes of minds, and the prevention of relapse in depression. Behaviour Research and Therapy 37 (Suppl 1), 53-77.

Thich Nhat Hanh (1988). Das Wunder der Achtsamkeit. Berlin: Theseus.

Tschuschke, V., (2002). Psychoonkologie. Stuttgart: Schattauer.

Wedding, U. (2014). Palliative und supportive Betreuung onkologischer Patienten. Onkologe, 20, 66-71.

Weiss, H. & Harrer, ME. (2010). Achtsamkeit in der Psychotherapie. Verändern durch »Nicht-Verändern-Wollen« - ein Paradigmenwechsel? Psychotherapeutenjournal, 1, 14-24.

Welpe, I. (2008). Gesundheitsbezogene Lebensqualität. Ein Leben in autonomer Verantwortung. Deutsches Ärzteblatt, 105, 10, A 514-7.

Wenzlaff, RM. & Luxton, DD. (2003). The role of thought suppression in depressive rumination. Cognitive Therapy and Research, 27, 293-308.

World Health Organization. WHO guidelines for the pharmacological and radiotherapeutic management of cancer pain in adults and adolescents. Geneva: World Health Organization; 2018.

Zakowski, SG., Ramati, A., Morton, C., Johnson, P. & Flanigan, R. (2004). Written emotional disclosure buffers the effects of social constraints on distress among cancer patients. Health Psychology, 23, 6, 555-63.

Znoj, HJ. (2008). Regulation emotionaler Prozesse in Psychotherapie und Verhaltensmedizin. Bern: Peter Lang AG.